Grand-père débutant

ISBN : 978-2-412-04329-5
Dépôt légal : février 2019
Imprimé en France

Mise en page intérieure : Istria
Illustrations de couverture et intérieur : Nathalie Jomard

Éditions First, un département d'Édi8
12, avenue d'Italie
75013 Paris – France
Tél. : 01 44 16 09 00
Fax : 01 44 16 09 01
e-mail : firstinfo@efirst.com
Site Internet : www.editionsfirst.fr

Grand-père débutant

Yves Durand

FIRST
ÉDITIONS

À mon épouse et à nos enfants – je leur dois en partie d'être un grand-père débutant.

À mes grands-pères que je n'ai pas connus et dont j'aurais tant eu à apprendre.

Sommaire

Introduction

Bienvenue dans l'équipe !

Nous sommes 6,2 millions. Nous, c'est-à-dire l'équipe de France des grands-pères. Si vous achetez ce livre, ou si l'un de vos proches vous l'offre, il doit y avoir une bonne raison : je parie que vous vous apprêtez à quitter le banc de touche pour nous rejoindre et venir grossir nos rangs. Alors bienvenue... et félicitations !

Un peu plus de 6 millions de grands-pères : la statistique, évidemment, est impressionnante. Mais il faut se la jouer modeste : dans le même temps, le pays compte tout de même presque 9 millions de grands-mères, et c'est un peu de notre faute : nous les hommes, nous péchons un peu côté hygiène de vie, non ? J'y pense tout à coup : la naissance d'un petit-fils, ou d'une petite-fille, ça pourrait être le moment de prendre des bonnes résolutions. Histoire d'être, aux yeux du nouveau-né qui va grandir, un papy qui donne envie !

En neuf actes, complétées par un abécédaire, mes conseils (mes petits-enfants m'appellent « Dadou ») et les avis de spécialistes, ce livre voudrait vous dire tout simplement à quoi vous devez vous attendre, maintenant que vous êtes grand-père. À la naissance du bébé, votre statut est celui d'un débutant. Et vous allez le rester pendant quelques années. L'apprentissage sera long et jamais vraiment terminé : il commence avec la première insomnie et la première dent, le jour où justement vous aviez la garde de l'enfant. Vous serez encore et toujours un papy débutant quand votre petit-fils va faire un caprice au restaurant ; quand votre petite-fille chutera la première fois de son vélo ; et vous aurez encore l'impression d'être un apprenti quand, adolescents, vos petits-enfants viendront vous tuyauter pour l'ordinateur ou le téléphone mobile.

Vous allez voir vos petits-enfants pousser, mûrir et puis – peut-être – se détacher un peu de vous. Pas tout de suite. Et sûrement pas de façon définitive. Vous les retrouverez et c'est à chacun d'y mettre un peu du sien ! Ce chemin à parcourir à leurs côtés, je vous souhaite qu'il soit le plus long, le plus complet, le plus confiant, le plus constructif possible...

Acte 1

La première fois !

Vous voici grand-père et c'est la première fois.
Félicitations !
On vous devine heureux comme tout. Et un peu décontenancé. Ça vous embêterait d'être d'un coup poussé en classe senior, ça se comprend.
Rassurez-vous : vous ne faites pas vos 56 ans – l'âge moyen auquel les Français deviennent papys.

Intronisé dans la confrérie des grands-pères

Comment naissent les bébés? À votre âge, vous ne l'ignorez plus : c'est une cigogne qui fait le boulot. Ou alors, au jardin, c'est un chou pour les garçons, une rose pour les filles. Ce qui est vrai pour les enfants l'est sûrement aussi pour les petits-enfants, ce n'est pas plus compliqué que ça ! Mais un grand-père, ça naît comment ? La manière dont ça se passait autrefois, on l'a oubliée. Mais, maintenant, ça passe par un texto.

Le compte à rebours a commencé. L'accouchement est maintenant une question de jours. Comme cela a passé vite ! Votre vie à vous, d'abord. Les années vous ont filé entre les doigts, sans que vous vous en aperceviez. Et puis cette grossesse, celle de votre fille ou de votre belle-fille. Vous n'avez pas vu ces neuf mois passer non plus – sans doute, la future maman n'aura pas la même analyse que vous. Elle trouve le temps long, elle, maintenant.

Il y a quelques mois, le jeune couple a téléphoné. Ou bien il s'est annoncé chez vous. Avec un cadeau. Votre épouse s'est doutée de quelque chose – ah, l'intuition féminine ! – mais vous, pas du tout. La visite des enfants, ce n'est quand même pas un événement ! Ils ont sorti de leur sac une pelote de laine et un modèle : une adorable turbulette à tricoter. Ou bien, ils vous ont offert un album photo dont il reste à remplir un cadre encore vide, juste sur la première page : on y voit le jeune couple ; vous y figurez aussi, avec votre épouse et les beaux-parents. Là, c'est clair. C'est le début d'un arbre généalogique.

À votre âge, l'annonce d'un premier petit-enfant à venir, ça vous remue ! Vous vous êtes assis, sans doute un peu ému mais pas larmoyant. Votre réflexe a été de déboucher une bouteille avec des bulles. Sympa pour le papa ; et la maman, vous y pensez ? L'émotion n'empêche pas d'avoir un peu de jugeote : l'alcool, c'est exactement ce que la jeune femme doit éviter désormais. Vous avez trinqué quand même et votre épouse, comme d'habitude, a aussitôt montré son sens pratique en proposant ses services pour assurer une partie du ravitaillement du jeune couple quand le terme approchera, ou bien pour conduire la future maman à ses rendez-vous médicaux. Ce soir-là, une fois les enfants partis, vous vous êtes regardé dans la glace. Il vous a semblé découvrir une petite ride au coin de l'œil. Vous ne l'aviez encore jamais repérée... C'est vrai, vous êtes quinqua' ou presque. Et futur grand-père.

Le coup de fil que vous attendiez... ou pas

Les mois ont passé. Un beau matin, d'assez bonne heure, vous recevez un SMS. Vous aviez laissé votre téléphone branché, c'était bien vu ! Quelques mots abrégés apparaissent sur l'écran. Il vaut mieux que vos lunettes soient également à portée de main : d'abord parce que vous n'êtes pas complètement réveillé, ensuite parce que la lampe de chevet n'est pas très généreuse, et surtout parce qu'à 50 ans, vous commencez à en avoir sérieusement besoin de vos verres progressifs. Le message, une fois que vous l'avez déchiffré, vous tiendra désormais lieu de diplôme officiel : le premier de vos petits-fils ou de vos petites-filles a vu le jour. Bref, vous êtes intronisé dans la grande confrérie des grands-pères. Il n'y a pas besoin de grande cérémonie ou de costume haut en couleur. Restez comme vous êtes, ça ira très bien.

La première photo : pas très concluante

Il arrive qu'une photo accompagne le message. Zoomez un peu, pour voir. Ce n'est pas très concluant, à cause du bonnet prêté par la maternité, enfoncé jusqu'aux yeux – et de toutes façons, ses yeux, justement, sont fermés. C'est « la puce », ou bien « l'héritier ». À vous de choisir comment vous l'appellerez entre vous.

Quand ce n'est pas un SMS, un message ou une photo sur WhatsApp ou tel ou tel autre réseau social, c'est un coup de téléphone, à une heure pas ordinaire, qui vous prévient. Au bout du fil, vous avez votre gendre. Vous n'avez pas l'habitude de l'entendre aussi cérémonieux, ou bien au contraire si bégayant. Il a du mal à se remettre de ses émotions, on se met à sa place !

Les copains plus âgés vous avaient prévenu : « Quand il y a de la naissance dans l'air, chez tes enfants, fais gaffe : t'as intérêt à rester dispo pour garder les aînés ! » Pour vous qui devenez grand-père, la question ne se pose pas : le bébé attendu est le premier, il n'y a donc ni grand-frère, ni grande-sœur à prendre en charge.

Plus disponible que pour nos propres enfants...

Il n'empêche, vous êtes pressé d'aller sur place. Impatient que les parents fassent les présentations officielles. Bonjour, voici le bébé, voici papy. Si vous êtes un jeune grand-père et travaillez encore, cela peut cependant poser problème : les jours de congé auxquels un nouveau-né donne droit quand on est papa, ça n'existe pas encore pour les grands-pères...

Pas de panique ! Votre chef de service ou votre employeur ne sera peut-être pas trop intransigeant. Il est éventuellement lui-même père de famille, il sait ce que représente l'arrivée d'un bébé. Bref, vous aurez peut-être la chance de bénéficier d'un jour de liberté au pied levé.

La première petite-fille, le premier petit-fils, c'est formidable ! Les suivants, ce n'est pas mal non plus ! Évidemment, au moment de l'accouchement, on n'est pas aussi stressé que si c'était son propre enfant, mais on a drôlement hâte d'aller se rendre compte, en personne, que le nouveau-né est en bonne santé, qu'il a ses deux mains, ses deux pieds et tout le reste – pas encore les dents, tout de même, mais vous ne perdez rien pour attendre ! On veut se rassurer, vérifier aussi – sans entrer dans le détail - que le poids et la taille sont dans la bonne moyenne et que son sourire – sa petite grimace, pour être tout à fait franc – le fait ressembler à untel ou untel de la famille, et le rattache indéniablement à ses ancêtres.

Et voyez comme c'est bizarre. Quand vos propres enfants sont nés, vous êtes peut-être arrivé à la maternité après la bataille. C'est vrai que les papas, alors, n'assistaient pas à l'accouchement de façon systématique. Pour l'aîné de vos petits-enfants, ce matin, il n'est évidemment pas question d'accompagner la maman en salle d'accouchement, mais vous avez l'impression d'être plus disponible qu'il y a trente ans. Mais ce n'est pas ce qu'on attend de vous. Il y a un papa pour ça.

Le conseil de Dadou

Lorsqu'une naissance est attendue chez l'un de vos enfants, tenez-vous prêt. Vous n'êtes pas encore à la retraite? Le cas n'est pas désespéré : réservez le week-end suivant ainsi que le précédent (on n'est pas à l'abri de l'arrivée d'un prématuré).

Pensez aussi à laisser votre mobile allumé et, exceptionnellement, à côté de vous. Ce serait trop bête de manquer l'appel qui vous annoncera la bonne nouvelle!

Enfin, pensez à emporter de quoi faire la photo souvenir : un appareil ultra sophistiqué, un jetable ou votre téléphone intelligent, peu importe. Le cliché va circuler d'un membre de la famille à l'autre, et il fera loi pendant des années.

Être grand-père : un profil en quelques chiffres

Combien sommes-nous?

Les grands-pères sont moins nombreux que les grands-mères. Selon l'INSEE, nous étions 6,2 millions en 2010 en France, contre 8,9 millions de mamies; soit au total un peu plus de

15 millions de grands-parents. C'est 2,5 millions de plus qu'en 1999. Vous comprenez maintenant ce que veut dire l'expression « papy-boom ».

À quel âge devient-on grand-père ?

Les hommes deviennent grands-pères en moyenne à 56 ans. Les femmes accèdent au statut de grand-mère deux ans plus tôt. À noter : deux enfants sur dix n'ont pas la chance de connaître leur grand-père paternel, ils naissent en effet après sa mort. Réjouissez-vous donc de profiter de cette expérience qui débute pour vous !

Combien de petits-enfants avons-nous ?

Après 75 ans, les grands-parents ont en moyenne 5,2 petits-enfants. Toujours selon l'INSEE, 9 % des grands-parents ont un petit-enfant unique, et 12 % sont à la tête de dix petits-enfants ou plus, presqu'une équipe de foot !

Les tontons rappliquent au galop pour voir bébé

Dès que vous êtes prévenu de la naissance, vous n'avez plus que cette idée en tête : faire connaissance avec le premier de vos petits-enfants. Mais vous n'êtes pas le seul. D'autres membres de la famille ne tardent pas à vous rejoindre. Parfois, ils vous ont même précédé !

La grande rencontre a eu lieu. Vous avez vu le bébé. Lui, il ne vous a trop calculé – comme il dira à l'adolescence, si le mot est encore à la mode. Monsieur ou Mademoiselle a passé son temps à dormir, tout juste si le nouveau-né a daigné soulever son adorable petite paupière quand vous vous êtes penché sur lui/elle. Il est vrai que du monde, il en a vu en quelques heures.

Ce n'est sans doute pas à ça qu'il s'attendait depuis le ventre de sa maman, il voyait dans ses rêves une arrivée plus discrète...

Sur place, effectivement, le jeune grand-père que vous êtes n'est pas resté seul longtemps. Les frères du jeune papa se sont débrouillés pour effectuer le déplacement eux aussi. Ils inaugurent leur statut de tonton, quand vous entamez, vous, votre carrière de papy. Les sœurs suivront quelques jours plus tard. Dans ces moments-là, pas besoin de battre le rappel; la petite tribu se reconstitue spontanément et ça ne traîne pas. « Ils rappliquent au galop », résume Hélène, une amie qui, de son côté, étrenne tout juste son titre de mamie. Il arrive que l'événement efface même une mésentente, un vieux litige enfoui, une rivalité, une incompréhension datant des années d'adolescence. Le bébé aide à tourner la page !

D'autres visiteurs auront peut-être poussé la porte de la chambre. Les frères et sœurs de la maman, les parrains et marraines, les oncles et tantes, les amis. Cela fait tellement de monde que le personnel soignant met le holà, parfois. Sinon c'est la jeune maman qui fera discrètement savoir qu'elle voudrait se reposer entre deux tétées. Un mot gentil, affiché à la porte, invite à ne pas s'incruster ou même à limiter les visites – certaines peuvent attendre, d'autant que le séjour à la maternité est de plus en plus court. Les premiers jours, il faut donc épargner la maman et lui permettre de reprendre des forces : elle va en avoir besoin sitôt rentrée chez elle avec le nourrisson. Et puis le jeune couple aspire à se retrouver tranquillement : avec leur nouveau-né, les parents forment un trio qui s'aime d'avance, mais la priorité des priorités est de faire connaissance. Bébé n'a pas encore droit à la parole, mais il n'en pense pas moins – « C'est quoi ce chahut dans la chambre ? On pourrait me lâcher un peu les chaussons, non ? »

Comment vous rendre utile ?

À la maternité, les façons de se rendre utile auprès de la maman ne manquent pas. Si un visiteur est déjà dans les lieux à votre arrivée, plusieurs possibilités s'offrent à vous. Optez pour celle qui semble soulager la jeune femme. Vous proposez de repasser un peu plus tard et d'attendre dans le couloir. Vous échangez quelques mots avec l'autre personne, ou vous lui faites carrément la conversation, à voix basse, pour laisser la maman somnoler à son aise. Vous offrez à cette dernière d'aller chercher une bouteille d'eau ou un fruit pour la rafraîchir.

Parmi les rencontres qu'on fait à la maternité, il y a celle avec les parents de votre gendre ou de votre belle-fille. Le plus souvent, on les connaît. Mais c'est autre chose de se retrouver soudain côte à côte, au bord du lit de la jeune maman, et avec ce statut commun de grands-parents. Les phrases prononcées dans ces moments-là risquent de manquer de naturel. Rassurez-vous : les beaux-parents sont aussi empruntés et intimidés que vous. Pourquoi cette gêne ? Ce premier bébé vous rapproche, il ne vous met pas en compétition. Essayez de trouver le bon ton pour ne pas donner l'impression que le chef de la nouvelle petite famille, c'est vous. Ça ne plairait ni au jeune couple, ni aux beaux-parents...

N'en rajoutez pas non plus dans le ou les cadeau(x) de bienvenue, vous risqueriez de mettre la belle-famille dans l'embarras. La solution : vous vous serez entendus avec le papa et la maman du nouveau-né pour savoir ce dont ils auront besoin au début. Vous leur offrirez quand ils auront regagné leurs pénates. Du coup, le premier jour, à la maternité, contentez-vous de chocolats ou de pâtes de fruit, histoire d'ajouter un peu de fantaisie au menu de la maternité. Et n'oubliez pas votre appareil photo. Probablement les jeunes parents, dans l'urgence, n'y auront-ils pas pensé, et ne disposeront que de leur smartphone.

Lequel est le plus intimidé ?

Ah, la photo ! Vous gardez celle prise le jour où le nouveau-né a rejoint le domicile familial. On y voit parfois le ou les frères du jeune papa. On se demande lequel est le plus ému, le plus intimidé. Quant à la fierté, on la sent partagée. Les six yeux se détournent du nourrisson le temps du cliché et d'un large sourire tout ému. Puis ils se retournent vite sur le héros ou l'héroïne du jour, ce nourrisson qui n'est encore âgé que de quelques jours.

La photo, davantage encore que le premier cliché que vous aviez pris en arrivant à la maternité, a aussitôt fait le tour de la famille, passant d'un mobile à un écran d'ordinateur, d'une clé USB à un tirage papier. Depuis, elle a continué à voyager. On la ressort aux anniversaires. C'est tellement rigolo de voir papa et les tontons avec quelques années de moins ! Le cliché, vous pouvez le parier, est promis à une belle carrière. Dans une ou deux générations, il continuera à susciter des regards pleins d'attendrissement. Les plus jeunes interrogeront leurs devanciers : « Mais alors, l'ado à droite, c'était Raphaël ? Quel âge il pouvait bien avoir ? »

C'est peu dire qu'il était attendu ce premier né. « Prévenez-moi vite quand il sera né », vous avait supplié l'une des futures tatas. « Je ne veux pas être la dernière à apprendre la nouvelle… » Elle l'aurait perçu comme un affront personnel.

Le conseil de Dadou

À la naissance d'un petit-enfant, qu'il soit ou non le premier, veillez à ne pas rompre la chaîne de l'information. Le jeune papa n'a pas forcément le temps de prévenir ses frères et sœurs ni ceux de la jeune maman ; encore moins les oncles et tantes. Il compte sur vous pour l'aider à diffuser l'info, montrez-vous à la hauteur en faisant attention de n'oublier personne. Ce serait dommage de commencer une si belle aventure par un faux pas…

Continuez à donner des nouvelles les jours suivants; y compris à l'arrière-grand-tante ou à la cousine éloignée qu'on n'a généralement qu'une fois par an au téléphone. Elle y sera très sensible : pour les personnes isolées, l'annonce d'une naissance constitue un vrai rayon de soleil.

Ne vous croyez pas obligé, en revanche, d'empiéter sur l'intimité des jeunes parents quand vous émettez votre petit bulletin d'info. La petite déprime de la maman, par exemple, ça ne concerne pas toute la famille. Bref, le jeune couple compte aussi sur votre discrétion et votre retenue.

Le prénom du bébé, ne vous en mêlez pas !

Bébé est né. Le coup de fil qui vous annonce la naissance vous apprend aussi son prénom. C'est quoi cette grimace? Le choix du prénom de votre petit-fils, ce n'est pas votre affaire!

Il y a des grands-parents tellement concernés par l'arrivée du bébé qu'ils pensent au futur prénom comme si le choix leur en revenait. Ils le font avec plus ou moins de délicatesse et de discrétion. Certains suggèrent en passant un joli prénom, à la mode ou non, qui leur ferait plaisir. D'autres vont jusqu'à établir une liste de leurs préférences et la font passer au jeune couple – ou la laissent traîner à la maison. D'autres font la démarche inverse : ils prennent carrément les devants et citent les prénoms qui leur feraient dresser les cheveux sur la tête.

En la matière, le jeune couple reste le patron. Les jeunes parents ne cherchent pas à tout prix à choquer la génération précédente – ne soyons pas paranos –, mais ils n'en feront qu'à leur tête et c'est très bien ainsi.

Un prénom, ça engage

Le seul conseil à donner, mais il ne faut pas attendre la naissance d'un bébé pour s'en ouvrir avec ses grands enfants, serait de souligner le sérieux de la question. Un prénom vous appartient ensuite toute l'existence, de l'école à la retraite. Avec un prénom, on ne rigole pas !

Certains n'aiment pas leur prénom d'état-civil et vous encouragent à les appeler autrement. Telle grand-mère de votre famille, prénommée Jeanne, ne se consolait pas de porter ce prénom qui, entre-temps, est revenu à la mode. Tout au long de son enfance, et bien plus tard encore, elle avait rêvé de partager celui de sa cousine, prénommée Germaine. Elle n'avait pas osé franchir le pas. Certains le font, se faisant appeler par un autre prénom que l'officiel.

Professeur en sciences du comportement, Nicolas Guéguen a publié là-dessus une passionnante *Psychologie des prénoms* (éditions Dunod, 2008) qu'on devrait faire lire à tous les futurs papas et mamans. Il y analyse l'impact du prénom dans l'image qu'on a de soi-même ou dans le regard que les gens portent sur vous. Il y a les prénoms qui constituent un atout et ceux qui sont un poids. Encore qu'à prénom identique, tout le monde ne réagisse pas de la même manière. D'un prénom difficile à porter, certains vont faire *« un défi, une revanche pour réussir à l'école ou dans leur carrière professionnelle »*, quand d'autres *« vont s'isoler socialement »* et resteront marqués et encombrés à vie. Quoi qu'il en soit, le chercheur recommande aux jeunes parents de prendre le temps de la réflexion et même de tester dans leur entourage les prénoms auxquels ils pensent. Le conseil vaut ce qu'il vaut : aucun prénom ne fera d'emblée l'unanimité et les réactions des proches, ça peut plomber l'ambiance ! À vous de voir !

Les faire changer d'avis ?

Si les parents vous annoncent le prénom avant la naissance et que celui-ci vous laisse perplexe, ne vous précipitez pas. Donner votre opinion (négative) à chaud risque de braquer le jeune couple. Ou bien ils vont persévérer dans leur première intention, ou bien ils vont accepter de se ranger à votre avis, mais à contrecœur. Ce n'est pas de bon augure pour la suite de vos relations ! Au contraire, si vous prenez le temps de réfléchir et d'évoquer le sujet avec eux un peu plus tard, à tête reposée, vous gardez vos chances de les convaincre.

Attention, il peut y avoir des cas de force majeure qui font de votre intervention un devoir. L'association du prénom et du nom, par exemple, peut donner lieu à un mauvais jeu de mots que le couple n'aura pas repéré. Leur choix peut aussi vous sembler sujet à polémique – comme Adolphe, vous vous rappelez dans le film *Le prénom* ?

Autre éventualité : le prénom retenu a été porté autrefois par un ancêtre dont le destin fut tragique – les jeunes parents ignoraient jusqu'à l'existence du personnage. C'est de votre responsabilité de les en avertir. Ils vous en seront reconnaissants !

Le dernier cadeau d'Arsène

Arsène, aujourd'hui disparu, était instituteur. Quand il parlait de son prénom, il le faisait avec le sérieux et la gravité d'un vieux maître d'école. De toute sa vie, racontait-il, il n'avait jamais rencontré d'autre Arsène. Ni parmi ses copains, ni plus tard parmi ses collègues ou ses propres élèves. Il n'en avait pas été affecté. Ce prénom, à ses yeux, était une richesse et un héritage : avant lui, il avait été porté par l'aîné de la famille, de génération en génération ; il appartenait en somme à son patrimoine, et il en éprouvait une certaine fierté.

Avec son épouse, d'un commun accord, Arsène avait fait le choix de se soustraire à la tradition. Sans doute attentif à ne pas encombrer l'un ou l'autre de ses fils d'un saint patron qui aurait pu paraître désuet. Le prénom ne s'est pas perdu pour autant. L'un des petits-fils du vieux maître s'appelle à son tour Arsène. À l'égard du papy, c'est une attention touchante de la part du couple ; et pour le nouveau-né, un choix qui a du sens. Arsène senior était déjà très âgé, mais il a eu le temps de faire connaissance avec le petit. Ce fut l'un des derniers et l'un des plus beaux cadeaux qu'on lui ait faits.

Le conseil de Dadou

Une fois que vous êtes grand-père, ce n'est plus à vous de choisir le prénom du nouveau-né. Généralement, le jeune couple vous réservera même la surprise jusqu'au jour de la naissance. Normal. Quand on vous le dévoilera, même si le prénom vous surprend, et peut-être même vous déçoit, gardez-le pour vous. Ce n'est plus de votre responsabilité. C'est de toute façon trop tard et, dans quelques mois seulement, vous verrez, vous n'y penserez plus !

Attention aux diminutifs ridicules

Vous avez pris l'habitude d'appeler vos petits-enfants par un diminutif. Attention à ne pas en abuser trop longtemps.

Les premières années, c'est affectueux, c'est mignon. Au lieu de l'appeler par son prénom, Pierre sera Pitou, Baptiste sera Titou… Pour Stéphanie, on se contente d'un amusant Ninie. Mais lorsque le petit-fils et la petite-fille grandissent et qu'ils deviennent ados, on continue parfois de s'adresser à eux comme dix ou douze ans plus tôt.

« Mais à la fin, appelez-moi par mon prénom ! Je suis Béatrice, pas Bébé. Et Totoche, encore moins ! » Ce cri du cœur, c'est une lycéenne de Terminale qui le lance un jour, exaspérée que des amis lui disent bonjour comme s'ils parlaient à un bébé. Ils ne l'avaient pas vue depuis un petit moment et ils étaient restés sur le diminutif bébête de son enfance.

On connaît des collègues ou des proches qui s'accommodent parfaitement du petit nom qu'on leur donne depuis toujours. Tant mieux. Peut-être ont-ils même une préférence pour ce diminutif qui, depuis si longtemps, fait partie d'eux-mêmes. Dans le cas de Béatrice, à 18 ans, c'est son droit le plus élémentaire, évidemment, de réclamer qu'on respecte son identité. Qu'on l'ait connue toute petite n'excuse rien.

Un diminutif, ou un surnom, ça peut être lourd à porter. Alors avec vos petits-enfants, essayez de ne pas être « relou » !

Les prénoms à la mode, une affaire d'époque

Vous êtes désormais papy et vous vous inquiétez du prénom donné à votre petit-fils. Au fait, vous rappelez-vous des prénoms qui faisaient la loi quand vous étiez enfant ?

Chez les garçons :

- En 1945, les cinq prénoms les plus donnés aux garçons étaient dans l'ordre : Jean, Michel, Daniel, Gérard et Bernard.
- En 1950 : Jean, Michel, Alain, Gérard et Bernard.
- En 1955 : Jean, Michel, Patrick, Alain et Philippe.
- En 1960 : Philippe, Jean, Patrick, Pascal et Alain.

Et chez les filles :

- En 1945, les cinq prénoms les plus donnés aux filles étaient dans l'ordre : Marie, Monique, Nicole, Françoise et Danielle.
- En 1950 : Marie, Martine, Françoise, Monique et Nicole.
- En 1955 : Marie, Martine, Françoise, Chantal et Catherine.
- En 1960 : Catherine, Sylvie, Marie, Christine et Brigitte.

Les prénoms des dernières années

Jusque dans les années 1980, les prénoms étaient choisis parmi ceux du calendrier officiel. Aujourd'hui, le choix est beaucoup plus ouvert et beaucoup de parents éprouvent l'envie de se montrer plus originaux.

Chez les garçons :

- En 2010, les cinq prénoms les plus donnés aux garçons étaient dans l'ordre : Nathan, Noah, Lucas, Mathis et Léo.
- En 2013 : Lucas, Raphaël, Nathan, Louis et Jules.

- En 2014 : Nathan, Lucas, Léo, Gabriel et Timéo.
- En 2015 : Armand, Jules, Lucas, Léo et Gabriel.
- En 2017 : Gabriel, Léo, Jules et Raphaël.
- En 2018 : Gabriel, Raphaël, Jules et Léo.

Et chez les filles :

- En 2010, les cinq prénoms les plus donnés aux filles étaient dans l'ordre : Emma, Léa, Chloé, Manon et Inès.
- En 2013 : Emma, Lola, Chloé, Inès et Léa.
- En 2014 : Louise, Jade, Emma, Léa et Chloé.
- En 2015 : Manon, Jade, Louise, Alice et Camille.
- En 2017 : Louise, Jade, Alice, Chloé.
- En 2018 : Louise, Emma, Jade et Chloé.

L'avis de l'expert :

Un siècle et demi avant de revenir à la mode

Ces nouveaux grands-pères s'appellent Philippe, Pascal, Éric et Thierry. C'étaient les prénoms les plus donnés pour les garçons en 1963. Nés trois ou quatre ans plus tôt, ils se prénomment Gérard, Thierry, Daniel ou Alain, etc. Quand ces prénoms vont-ils revenir à la mode ? C'est la question posée à Baptiste Coulmont, sociologue et maître de conférences à l'université Paris-8 et auteur, entre autres ouvrages, d'une *Sociologie des prénoms* (La Découverte, 2014).

« Les prénoms reviennent à la mode, aujourd'hui, quand les anciens porteurs de ce prénom sont morts. Il se passe environ 120 à 150 ans entre les deux pics de fréquence d'un même prénom ».

En clair, le vôtre était au sommet de la mode il y a cinquante ou soixante ans. Patientez encore un siècle avant qu'il ne le redevienne !

Au fait, quand un prénom est à la mode, combien de temps reste-t-il sur le podium ?

« Aujourd'hui, la durée de vie d'un prénom à la mode est très raccourcie », souligne Baptiste Coulmont. Celui-ci prend le cas des 20 prénoms les plus fréquents au début du XXe siècle. *« Pendant près de 40 ans autour de leur pic de fréquence, ils ont été donnés à plus de 1 % des enfants. Aujourd'hui, c'est au plus une dizaine ou une quinzaine d'années »*.

La grande solitude de papy : mamie est réquisitionnée chez bébé

Mamie est partie quelques jours chez le nouveau bébé. C'est super pour la jeune maman qui va pouvoir s'appuyer sur ses conseils et se reposer. Pour papy, c'est moins génial...

Le week-end qui a suivi la naissance (voir p. 13), vous aviez jugé que c'était votre rôle de grand-père de vous rendre sans attendre à la maternité en compagnie de votre épouse, histoire de faire officiellement connaissance avec le bébé. Vous êtes revenus chez vous ravi et attendri et puis voilà que ça n'a pas duré. Comme si on cherchait absolument à vous contrarier et à vous déstabiliser dans votre statut tout neuf de papy.

Ce qui se passe ? À peine arrivée à la maison, mamie a préparé sa valise et elle est repartie par le premier train. La visite de courtoisie, c'était bien mais ça ne suffit pas, vous a-t-elle fait comprendre. Maintenant c'est d'un vrai coup de main dont le couple a besoin. D'ailleurs, cela ne sera pas long. Mamie – il va falloir vous habituer à l'entendre être appelée ainsi - vous promet son retour cinq jours plus tard. Une semaine au grand maximum. Le temps que la jeune maman ait récupéré.

Le soutien le plus efficace...

Allez, soyez honnête ! Ne dites pas que vous ne vous y attendiez pas à ce départ. Une grossesse, ça dure neuf mois ! Vous avez eu tout le temps de vous faire à l'idée que la jeune maman, au lendemain de l'accouchement, sitôt rentrée à la maison avec le nouveau-né, serait heureuse de recevoir un peu d'aide. Vous aviez dû en parler, sinon avec les enfants, du moins avec madame. Rassemblez vos esprits : autour de vous, n'aviez-vous jamais entendu parler de ces quelques jours pendant lesquels une jeune maman est contente et soulagée de bénéficier à ses côtés d'une présence affectueuse et expérimentée ?

Une précision au passage : ce scénario est plus probable dans le cas où la jeune maman est votre fille. Si la naissance intervient chez votre fils, le couple se tournera plus naturellement vers l'autre grand-mère, la belle-maman : dans ces moments-là, les filles ont souvent plus d'affinités avec leur mère... Mais ce n'est pas le moment de vous montrer jaloux vis-à-vis des autres grands-parents, il ne manquerait plus que ça. Quant à la crise de jalousie à l'encontre du nouveau-né, elle est tout aussi déplacée. Mais quel gamin vous faites ! Le pauvre nourrisson n'y est pour rien. Vous n'allez tout de même gâcher ses premières semaines en vous fâchant avec ses parents et en faisant la tête à votre épouse.

Il en a perdu l'appétit

Admettons que ce ne soit pas simple. Devant le frigo pourtant rempli à ras bord, vous allez peut-être vous sentir démuni, ou alors, sans appétit. Vous n'avez même plus envie de vous installer devant la télé. Et vous qui n'avez cessé de seriner à vos grands enfants le même refrain, pendant des années : « Soyez autonomes, sachez repasser vos chemises et vous cuire un œuf dur. Vous pourrez en avoir besoin un jour... »

Désemparé, livré à lui-même, le jeune senior que vous êtes se voit confronté à une sorte de vide existentiel. Le soir au téléphone, avec votre épouse débordée mais enthousiaste et en pleine forme, c'est à peine si vous trouvez les mots pour demander des nouvelles du bébé et de sa santé à elle. Les magazines regorgent d'articles consacrés au baby-blues de la jeune maman. De temps en temps, ils devraient regarder le phénomène chez les papys...

Le conseil de Dadou

Si vraiment, vous jugez que l'absence de votre épouse est trop difficile à supporter, faites-vous inviter chez un couple ami de votre âge. Mais évitez de vous plaindre : ils ne comprendraient pas que le bonheur d'être grand-père ne l'emporte pas sur le reste ! Faites aussi en sorte que vos autres enfants n'apprennent pas l'abattement avec lequel vous avez traversé la semaine. Ils crieraient au caprice, riraient de vous. Et ils auraient bien raison.

L'avis de l'expert :

Partie épauler la jeune maman, la grand-mère a laissé son mari pour quelques jours. L'expérience peut-elle s'avérer difficile pour le grand-père ? La réponse du Docteur François Louboff, psychiatre, auteur du livre *Dire adieu – Petit guide psychologique du deuil* (Payot, 2013).

« Tout dépend de la structure de la personnalité de chacun. Certains grands-pères accepteront parfaitement le fait que

leur épouse soit appelée à la rescousse pour aider la jeune maman. Ils n'ont pas peur de se retrouver tout seuls quelques jours, cela peut même constituer un moment de respiration bénéfique à l'un et à l'autre.

D'autres hommes, en revanche, s'en trouveront déstabilisés parce qu'ils portent déjà en eux une certaine fragilité, à divers degrés. Certains sont dépendants, incapables de prendre une décision sans se réassurer auprès de leur épouse, ils ne supportent pas la solitude ou bien ils manquent de confiance en eux et craignent de ne pas réussir à se prendre en charge au quotidien. Autre cas : les personnalités passives agressives, des gens toujours en opposition et de mauvaise humeur. Intolérants à la frustration, ils se montrent très exigeants, certains jouant même les tyrans familiaux. Comme ils ont toujours été servis, la situation leur paraîtra insupportable et ils la vivront comme un abandon. L'absence de leur épouse, ne serait-ce qu'une semaine, va effectivement poser problème.

D'autres personnes ont pu être confrontées à la disparition d'un proche, y compris plusieurs années auparavant, sans en avoir fait complètement le deuil. Se retrouver seuls peut réactiver chez ces personnalités des sentiments d'abandon, de solitude ou d'exclusion qui ont une source très ancienne et ce sera douloureux à vivre.

Souvent la naissance des petits-enfants coïncide avec le départ à la retraite du grand-père. Si on ne fait pas appel à lui au sein de la famille, si on le met de côté, il aura l'impression de ne plus être utile à personne. Ce sentiment d'inutilité et de dévalorisation viendra s'ajouter à la perte de son statut social et professionnel.

Quand le cas se présente, il est essentiel d'en parler d'abord au sein du couple. En tenant compte du fait que parmi les hommes qui accèdent à l'âge de la retraite, beaucoup sont encore très dépendants. Mais ce n'est pas une raison pour que la grand-mère renonce à aller épauler le jeune couple.

Ce serait dommageable. Il faut réfléchir à la possibilité d'intégrer le grand-père dans le projet. Pourquoi le reléguer en effet à un second rôle ? Lui aussi peut avoir plaisir à être présent et à nouer des liens avec le nouveau-né. Et il est tout à fait capable de rendre service lui aussi ».

Et vous, on vous appellera comment ?

Entre papy, bon-papa et papinou, quelle est votre préférence ? Il va falloir vous déterminer. Et c'est un choix durable. Ce sera difficile de revenir en arrière...

Comment vous ferez-vous appeler ? Vis-à-vis du bébé qui vient de pointer le bout de son nez et n'a encore poussé qu'un premier cri, la question ne revêt pas un caractère d'urgence. Il n'est pas près de parler ! Mais ses jeunes parents vont bien avoir besoin de mots pour vous présenter à lui. Imaginez le dialogue :

– *« Regarde qui c'est ? Tu ne le connais pas encore : c'est pa-py. Bonjour papy ! »*

Souvent, le sujet aura été abordé en amont, quelques semaines, voire quelques mois, avant la naissance. Certains jeunes, quand ils s'adressent à leurs beaux-parents, le font en utilisant leur prénom, mais l'arrivée du petit change la donne. C'est rare de laisser un petit-enfant désigner son grand-père par son prénom. Le couple va donc chercher « l'appellation contrôlée » qui conviendra. Le mieux est de questionner l'intéressé :

– *« Daniel, pour votre petit-fils, vous aimeriez être papy ou bien grand-père ? Ce serait quoi votre préférence ? »*

À vous de réfléchir et de faire vos suggestions. Tel senior tient particulièrement au terme « grand-père » qui va rattacher l'enfant à la lignée. Le mot a quelque chose de rassurant et de solide. D'autres réagiront en mettant plutôt en évidence les petits noms affectueux qu'ils écartent d'emblée :

– *« Surtout pas Pépère, hein, pas de blague ! Et Pépé, je n'en veux pas non plus ! »*

Certains vont se creuser la tête, mais parfois les jeunes parents leur mâchent le travail.

– *« Que diriez-vous de Dady ou de Dadou ? »*

Comment mettre le sujet sur le tapis ?

Pris par les démarches administratives et médicales, les futurs parents n'auront peut-être pas la présence d'esprit d'aborder la question. N'hésitez pas à le faire. Ce serait dommage de s'y prendre à la dernière minute et de se rabattre sur un nom qui, au bout du compte, ne vous correspond pas ou, pire, vous déplaît !

Si vos relations avec le jeune couple sont décontractées et sereines, posez la question directement. S'il y a davantage de distance entre vous et la jeune génération, mettez-y les formes.

« Il n'y a pas d'urgence, mais il faudra peut-être y réfléchir. Comment souhaitez-vous que votre petit s'adresse à sa grand-mère et à moi ? »

À l'occasion, glissez un grain d'humour dans votre d'invitation :

« Et surtout, hein, si vous manquez d'imagination, on peut vous préparer une liste. Vous n'aurez plus qu'à cocher... »

Les forums sur Internet

Sur Internet, les forums pullulent de confidences et de suggestions de futurs grands-pères encore pleins d'hésitation, ou de jeunes parents qui apportent leur expérience personnelle. Et c'est bien commode pour celui qui est en panne d'idées.

– *« Je vais être grand-père dans quelques semaines. Comment dois-je me faire appeler ? »*

– *« Ma fille appelle son grand-père maternel Daddy. Mon père n'avait pas de souhaits particuliers sur la question. Il a laissé faire ».*

– *« Chez nous, Pépé, c'est pour les arrière-grands-pères. Papou, c'est sympa, je trouve ! »*

Les internautes ne manquent pas d'imagination. Chacun y va de sa proposition : en vrac, on trouve Papounet, Papou, Papeny, Papet, Pépito, Papinou, etc. D'autres penchent pour la tradition avec Bon papa ou Grand-papa qui fleurent bon la confiture maison, et la soirée autour d'un bon feu de cheminée.

Certains font le choix de la facilité ou de la convivialité en associant le mot « papy » ou « grand-père » au prénom de l'intéressé. « Papy Marcel » va côtoyer « Grand-père Fabrice ». Commode à retenir quand vous vous lancerez, avec votre petit-fils ou votre petite-fille, dans l'arbre généalogique familial.

AOC comme pour les bons vins...

D'autres aménagent le nom en fonction de la personnalité de grand-père – on connaît des Papy-tracteur, des Papy-moto – ou bien en fonction de l'endroit où vit l'aïeul – cela devient une AOC, une Appellation d'origine contrôlée : on parlera de papy de Marseille ou de papy de Bordeaux. S'il habite un village, cela restera plus mystérieux pour les amis qui n'appartiennent pas à l'entourage direct : un papy de Dourgne ou de Morsans, ça ne leur dit rien. Au petit-fils, ça dira tout et pas besoin de dessin !

Papy de Dourgne, on va chez lui tous les étés, mais c'est loin, très loin. On roule toute la journée avant d'arriver. Papy de Morsans, *« sa maison est beaucoup plus près, alors on y va plus souvent. C'est à côté d'une grande ferme où il y a des vaches... »*

Trouver la bonne désignation tient parfois du casse-tête. Mais il arrive que ce soit beaucoup plus simple et qu'on ne demande pas leur avis à certains grands-pères. Comme dans les familles d'autrefois, le droit d'aînesse prévaut en effet. Celui qui accède le premier au statut de grand-père, c'est à lui de choisir. Si les beaux-parents de votre fils sont déjà grands-parents depuis plusieurs années, leur petit nom est inscrit dans le marbre. Plusieurs cas se présentent alors.

Imaginons une situation...

Ils se font appeler Douchka pour le papy, Nouchka pour la mamie. Acceptent-ils de partager ce diminutif affectueux et original ou veulent-ils le garder rien que pour eux ? Le jeune couple souhaite-t-il que chaque grand-père puisse être commodément identifié par le petit avec un nom différent pour chacun, ou bien veut-il englober les deux papys dans une même appellation ?

Dites-vous aussi que le choix vous engage à long terme. Une fois qu'un nom est arrêté pour le premier des petits-enfants, il ne sera plus possible de revenir en arrière et de changer. Papounet restera Papounet pour toute la fratrie et pour tous les cousins à venir. Exception à la règle : à l'adolescence, certains petits-enfants s'amusent parfois à baptiser grand-papa d'un autre petit nom. Ils seront les seuls à l'appeler ainsi. Une façon d'exprimer leur tendresse et leur complicité, valorisant un lien exclusif.

Le conseil de Dadou

Si vous souhaitez que votre petit nom soit adopté au plus vite, préférez-le court et facile à prononcer. Il est à parier que Dadou sera plus vite utilisé que « Grand-père Jean-Michel » quand votre petit-enfant commencera à parler !

« Nous nous faisons appeler par nos prénoms »

Pascale et Étienne se font appeler par leur prénom par leurs petits-enfants. Ils s'en expliquent :

- Inès, 4 ans : *« Dis, Pascale, je n'ai pas de vrai grand-père, ni de vraie grand-mère, comme mes amis de l'école ? »*
- Pascale : *« Si, bien sûr, Inès. Mais nous ne souhaitons pas que nos petits-enfants nous appellent grand-père et grand-mère. Nous préférons être appelés par nos prénoms. Tu dis "Étienne", tout court ; ou "Pascale", tout court. »*
- Le lendemain, à la récré, Inès fait le tour de ses amis de moyenne section : *« Mon grand-père, il s'appelle Étienne Toucourt ! »*

Le gag a rapidement fait l'objet d'une rectification. Mais il reste au sein de la famille comme un trait de bonheur.

Cette singularité trouve son origine en 1949 et de façon tragique, dans la famille de Pascale, à Nancy. André et Marie-Paule ont cinq enfants âgés de 1 à 6 ans. Le couple adopte un neveu de 3 ans et demi dont les parents, le frère et la sœur, viennent de perdre la vie dans un accident de train. Impossible de demander à l'orphelin, ce « sixième enfant » d'appeler papa et maman les adultes qui l'accueillent. La décision est immédiate : les six enfants appelleront désormais les maîtres de maison André et Marie-Paule.

« Nous avons conservé l'idée pour nos enfants, puis nos petits-enfants. Nous y voyons plusieurs avantages :

- *la perpétuation de prénoms qui nous ont été donnés comme un cadeau de naissance, que nous aimons et que nous sommes heureux et fiers d'entendre prononcer;*
- *le refus de faire bredouiller au nourrisson, au visage de ses grands-parents, des surnoms tout juste bons à désigner son doudou.*
- *l'usage des prénoms ouvre une sorte de familiarité. Mais elle est très positive : elle évite de coller à l'aïeul un brevet de vieillesse ou de le renvoyer à l'étage supérieur, voire au grenier. Elle le rend certainement plus proche. »*

D'autres façons encore d'appeler papy

Christiane, 62 ans : *« Mon grand-père était un ancien cap-hornier. Nous l'appelions Dady! C'était le nom que lui donnait déjà un petit garçon de son voisinage avant même la naissance du premier de ses petits-enfants. La famille a adopté le mot. Ma sœur aînée fut la première de ses dix petits-enfants à l'appeler à son tour ainsi et tout le monde a suivi! »*

Nolwenn, 35 ans : *« Nos trois enfants appellent leur grand-père maternel Tadig, ce qui signifie "Petit père" en breton. C'est mon père qui avait choisi ce nom à la naissance de sa première petite-fille. Il a toujours baigné dans la tradition bretonne, qu'il s'agisse de musique, de contes ou de danses. Son choix le définit bien. »*

Jean-François, 36 ans : *« Padou, c'est le nom par lequel nos enfants désignent leur grand-père. L'origine tient à une anecdote. Mes cousines avaient pris l'habitude de l'appeler Tonton Jean-Doudou parce qu'il est chauve et qu'elles trouvaient son* *crâne vraiment doux. On a adapté le mot pour la génération suivante, celle des petits-enfants. L'idée de la douceur est restée ! »*

Luc, 35 ans : *« Nos deux filles et notre petit garçon appellent leurs grands-pères respectivement papy Francis et papy Jean-Pierre. »*

Jean-Marc, 70 ans : *« J'ai deux surnoms : Papoulkine, chez celui de nos fils qui vit en Lettonie – il a également habité en Russie. Et Papimac pour la famille franco-anglaise qui vit en Belgique. Papi Jean-Marc, c'est difficile pour un jeune enfant ! »*

Notes

Acte 2

Conseils au débutant

Le premier bébé que vous ayez tenu dans vos bras, c'était votre fils ou votre fille, et ça remonte à plus de 20 ans. Vous n'avez pas vu le temps passer et vous n'êtes pas sûr de vous rappeler comment on fait. Restez zen ! Il y a quelques gestes à réapprendre, ils vont vous revenir très vite. Respirez un bon coup, les grands-pères se débrouillent généralement comme des chefs.

Des gestes à réapprendre : bercer bébé une nuit d'insomnie

Jean-Pierre s'est réveillé à 3h00 du matin. Rien à voir avec l'habituelle insomnie du retraité qui ne s'est pas assez dépensé pendant la journée – ça ne lui ressemble pas. D'abord, il n'a pas encore l'âge de la retraite, c'est encore un jeune grand-père. Deuxio, il dort habituellement très bien. Celle qui ne fait pas ses nuits, c'est sa petite-fille. Son épouse et lui l'ont en garde.

Voici une situation bien répandue :

Invités à un mariage, les parents de la fillette ont un peu hésité avant de solliciter les grands-parents. Ils ne voulaient pas embêter papy et mamie avec cette contrainte-là. Mais cela les ennuyait aussi de renoncer à l'invitation. Quant à emmener leur fille avec eux, l'idée ne leur a pas paru géniale : à cause de la route et des temps morts à prévoir entre la cérémonie et le dîner, à cause du monde qu'il y aurait, et du coucher qui serait forcément tardif. De leur côté, Jean-Pierre et son épouse n'ont pas hésité. Dans la mesure de leurs possibilités, ils sont là pour dépanner les enfants. C'est ainsi qu'ils conçoivent ce rôle de grands-parents qu'ils sont en train d'étrenner.

Dernier contrôle avant d'éteindre

Si vous vous trouvez dans la situation de Jean-Pierre, pensez à poser quelques questions préalables aux jeunes parents. C'est une étape primordiale pour mettre tout le monde en confiance et pour éviter de stupides écueils qui vous coûteraient votre nuit.

Alors on pose bien toutes ces questions et on prend en compte les réponses, même si elles vous surprennent : en début de soirée, commencent-ils par le bain ou par le repas ? Ensuite, faut-il bercer longtemps bébé ou le mettre rapidement dans le lit parapluie aussitôt le petit rot entendu ? Ses parents restent-ils près du lit ou bien s'éloignent-ils en parlant à la petite pour la rassurer ? Si elle pleure, on la laisse ou bien on revient la consoler ? Si elle persiste, doit-on céder en la prenant dans la chambre de papy et mamie ? Et la tétine, la veilleuse, la chanson – c'est avec ou sans ?

Respecter le cérémonial institué par papa et maman ne suffit pas toujours à garantir une bonne nuit. La preuve. Ce soir-là, tout s'est bien passé, selon le rituel en vigueur : le bain, le repas, le coucher et même l'endormissement. Pas mécontents de leur coup, papy et mamie ont même commencé à penser à la prochaine fois.

À 21 h 30, la jeune grand-mère se rend au chevet de la petite sur la pointe des pieds. R.A.S. Deux heures plus tard, avant l'extinction des feux, Jean-Pierre entre à son tour dans la chambre. Bébé dort sur le côté, respiration paisible, bouche légèrement entrouverte. Souriant intérieurement, grand-père se demande si ses rêves à lui, cette nuit-là, seront peuplés de babillages, de doudous et de câlins. Rêver, il ne va pas en avoir le temps en réalité. À 3 h 00, donc, un bruit encore léger le fait progressivement émerger de son sommeil. « *Une sorte de sirène,* raconte-t-il. *Ça commence doucement, puis c'est de plus en plus fort. Je me suis retrouvé avec la louloute dans les bras. Ça fait drôle !* »

Les précautions des ingénieurs de l'espace

Là encore, grand-père aurait eu tout intérêt à se renseigner sur la conduite à tenir face à un gros chagrin nocturne. Le jeune couple lui donnera quelques règles de base tirées de sa propre expérience :

- **Les adultes doivent d'abord songer à préserver leurs forces.** Inutile par conséquent de se lever à deux. Un seul suffit, l'autre pourra éventuellement prendre le relais si la situation ne s'améliore pas.

- **Pensez à emporter vos lunettes.** Elles vous seront utiles pour voir défiler les minutes sur l'écran lumineux du réveil digital. Retourner les chercher supposerait d'ailleurs de poser l'enfant un court instant au risque de réenclencher les pleurs ; et ce ne serait pas très prudent de le garder dans les bras si vous devez retraverser l'appartement dans le noir.
- **Si le logement le permet, éloignez-vous un peu avec le bébé.** Cela permettra au conjoint d'échapper aux décibels.
- **Vous aimeriez bien vous asseoir dans un fauteuil.** N'y allez pas trop vite. Commencez par faire le tour du salon à petits pas, puis variez l'itinéraire en passant par le séjour et la cuisine. Votre petite balade vous fera trouver le temps moins long et bercera tranquillement bébé.
- **Comme lors d'un match de foot, on a parfois intérêt à jouer la montre, c'est-à-dire à ne pas se précipiter.** Le petit semble rendormi : prudence ! Attendez encore quelques minutes avant de le remettre dans son lit. Ce n'est peut-être qu'une accalmie.
- **Évitez les gestes brusques !** Le simple contact de l'oreiller peut parfaitement relancer la machine à pleurs, alors prévoyez une descente en douceur et au ralenti. Un peu comme les ingénieurs de l'espace s'y prennent pour faire atterrir une sonde sur un coin de planète.

4 h 00, 5 h 00 du matin. Épuisé, le bébé s'est finalement endormi. Son grand-père l'a couché en prenant toutes les précautions possibles. Opération réussie !

Le radio réveil affiche 6 h 45, l'heure habituelle du café tartine.

Heureusement on est dimanche, et bébé dort (enfin !) profondément.

Bébé fait sa première dent chez papy !

Les jeunes parents ont laissé bébé aux grands-parents, juste la nuit où il va percer sa première dent. Cela survient généralement entre 5 et 12 mois. Grand-père s'y colle pour tenter de calmer le nourrisson.

Demain, grand-père n'osera peut-être pas avouer la mauvaise nuit qu'il a passée. Il a trouvé le rythme à donner au balancement du berceau et il a persévéré tout ce qu'il a pu, en vain. Puis il a bercé le nourrisson dans ses bras et rien n'y a fait non plus. À coups de gros sanglots, seulement entrecoupés de silence quand il avait le poing coincé dans sa petite bouche, le bébé s'est exprimé de la seule manière qui lui soit accessible à son âge. Papy a compris le message. Du reste, à voir les joues qui sont en feu et le gonflement de la gencive où pointe déjà une minuscule tache blanche, le grand-père n'a pas de doute : son petit-fils fait ses dents et c'est justement le jour où ses parents le lui ont confié. Avec mamie, ils se sont partagés la nuit et c'était son tour de prendre le quart.

Moitié pour passer le temps, moitié pour se tenir éveillé, papy cherche dans ses souvenirs de combien de dents est faite la mâchoire enfantine : à un an, puis à deux et à trois. Comme dans une comptine, d'autres références se bousculent en cascade ; elles sont sans lien avec les dents, mais elles arrivent à la façon d'un mécanisme automatique. Et ça l'aide à ne pas s'endormir.

Un drôle d'inventaire dans la tête...

Voyons ce que ça donne dans la tête de grand-père. 26 lettres dans l'alphabet. 52 semaines dans l'année. 28 à 31 jours par mois. 7 jours par semaine. 11 joueurs dans l'équipe de foot, sans les remplaçants. 4 807 mètres au sommet du mont Blanc, et 300 seulement en haut de la tour Eiffel. Quant aux fromages, la France en compte autant que de jours dans l'année. Cela ressemble à un inventaire à la Prévert. À une différence près : ici, ce sont les chiffres et les nombres qui mènent la danse. Papy ressasse toutes ces données; comme dans le tambour de la machine à laver, il les tourne dans un sens et puis dans l'autre. Mais c'est lui qui sort essoré… Et pendant ce temps, bébé continue d'alterner pleurs et gémissements.

Les deux hommes de la maison ont finalement sombré dans le sommeil, à peu près au même moment. Mais la litanie des chiffres continue dans la tête de grand-père. La réponse à sa question, le nombre de dents, il ne l'aura que quelques heures plus tard, au lever.

– *« Les dents de lait, tu ne te souviens donc pas de tes propres enfants ? »*, s'étonne mamie. *« Elles poussent entre 5 et 12 mois. Les incisives en premier et ça suffit pour mordre, crois-moi ! »*

Vingt dents à l'âge de 3 ans…

Pour ne pas avoir l'air ridicule, papy a vérifié tout ça l'après-midi. À 3 ans, son petit-fils aura vingt dents de lait. Mais les ennuis ne sont pas terminés pour autant. Ces premières dents, ce n'est pas pour de vrai, elles doivent tomber… Les définitives surviendront après 6 ans. Adulte, il en comptera 32. À supposer que les dents de sagesse soient au rendez-vous – celles-là, elles apparaissent après 16 ans, quelquefois autour de 25 ans seulement, parfois jamais.

Cette nuit de la première dent, grand-père ne l'oubliera pas. Quelques années plus tard, son petit-fils viendra l'interpeller : *« Papy, j'ai une dent qui bouge. Ça veut dire que la petite souris va passer ? »* Ou bien alors : *« Papy, j'ai une dent qui pousse. Pourquoi je vais pas aller chez le dentiste comme maman ? »*

Cher petit bonhomme, s'il savait ! Les dents, on n'en a jamais fini…

Le conseil de Dadou

Si vous avez un doute concernant la première dent de bébé, inspectez la gencive. La petite boursouflure rouge d'où dépasse un début de pointe blanche ne peut pas vous tromper. Jetez aussi un coup d'œil aux fesses de bébé. Plus de doute si elles sont rouges et irritées : on appelle ça l'érythème fessier.

- **Pour aider la dent à percer son chemin,** vous pouvez utiliser – avec douceur – une petite cuillère bien propre que vous frotterez contre la gencive en feu. Avec une cuillère toujours ou bien un anneau dentaire : vous les mettez au congélateur quelques minutes puis vous confiez à bébé qui mordillera. Le froid va anesthésier un peu la gencive.
- **Du bout de l'index,** vous pouvez également masser la chair tuméfiée. Si vous croyez aux vertus de l'homéopathie, tentez un peu de Chamomilla. Et puis surtout, prenez votre mal en patience : les dents, il faut qu'elles sortent.
- **Pensez à soulager aussi les petites fesses de bébé.** Interrogez papa et maman, ils sauront mieux ce qui convient : du talc, une crème, de l'éosine ?

Le siège-bébé, un casse-tête si précieux...

À monter, à désinstaller, à remonter, le siège-bébé est un véritable casse-tête. Mais il permet de sauver des vies. Alors, il n'y a vraiment pas à se poser de questions !

« Facile et rapide à installer ». « Un clic suffit ». « S'installe et se retire en un clin d'œil ». « Un vrai jeu d'enfant ». Les publicités concernant les sièges-bébés insistent toutes sur la commodité du système. Elles mettent le doigt là où ça fait mal. En réalité, l'installation de la nacelle, du cosi ou même du simple rehausseur peut devenir un vrai casse-tête, si grand-père n'a pas un tant soit peu de sens pratique. Et ça arrive plus qu'on ne le croit.

Ne parlons pas du choix du modèle. Il y a le siège pour bébés, à ne pas confondre avec le siège pour petits et encore moins avec le siège pour enfants. C'est normal : les exigences et les besoins ne sont pas les mêmes selon que votre petit-fils ou votre petite-fille a moins d'1 an, qu'il a de 9 mois à 4 ans, ou qu'il a de 4 à 10 ans. C'est l'âge, 10 ans, jusqu'auquel il est effectivement obligatoire d'asseoir l'enfant dans un siège fixé à la voiture. Les produits mis en vente sont soumis à homologation : pensez à vérifier que le vôtre a bien le label requis et qu'il n'est pas trop vieux (donc plus aux normes).

Mal attaché ou mal retenu dans sept cas sur dix !

Le plus compliqué, une fois l'achat réalisé, sera de poser correctement l'accessoire sur la banquette arrière, ou bien sur le siège avant droit ; puis d'y asseoir l'enfant en respectant les consignes du constructeur. Les statistiques, dans ce domaine, font froid dans le dos : 32 % des petits sont incorrectement attachés, 39 % mal retenus. Dans sept cas sur dix, en somme, leur sécurité n'est pas assurée.

Papy a des excuses. Il arrive qu'il s'arrache les cheveux à essayer et réessayer de passer la ceinture dans les fentes prévues à cet effet dans le siège, qu'il ait des difficultés à remettre à l'endroit la sangle qui s'est emmêlée, puis une fois qu'il y est parvenu, à bien clipser l'embout. Et, pendant ce temps-là, l'enfant s'impatiente et parfois trépigne : il gigote, résiste, refuse de se laisser caler contre la coque du siège et complique la tâche de grand-père. Dans ces moments de grande solitude, papy se demande comment les jeunes parents réussissent la manœuvre à tous les coups en deux temps, trois mouvements.

Savoir résister au petit-fils qui voudrait jouer au grand

Arrimer bébé tient de la performance, mais l'opération n'est pas forcément plus commode quand votre petit-fils grandit. Celui-ci va peut-être en profiter pour contester votre autorité et tester votre résolution. À 8 ans, il prétend qu'il pourrait se passer du siège pour enfant. « Papa et maman, parfois, ils sont d'accord ! » Évidemment, ni l'un ni l'autre ne sont là pour confirmer ce gros mensonge. S'ils étaient présents, on les laisserait attacher leur garnement !

Le pire, c'est quand il faut, en catastrophe, ôter le ou les sièges-bébés pour permettre à des amis de s'asseoir à l'arrière. Vous leur avez promis de les prendre pour aller ensemble au cinéma ou au match de foot. Mais vous aviez oublié ce satané siège. C'est parti pour l'opération inverse ; cette fois, cependant, les petits ne sont pas là pour crier leur impatience...

Redevenons sérieux. Il y a des précautions et des règles de sécurité sur lesquelles on ne doit pas transiger, des sujets avec lesquels il ne faut pas jouer. Les sièges pour bébés n'existaient pas quand nous étions petits. Et pas davantage quand nous avons élevé nos propres enfants, il y a trente ans – du moins, ils n'étaient ni généralisés, ni obligatoires. Leur efficacité, aujourd'hui, est prouvée. En moins de dix ans, les morts d'enfants dans les accidents de la route ont diminué presque de moitié. Le siège pour bébé y aura contribué largement. Ce serait donc complètement irresponsable d'y renoncer !

Prévention routière : des chiffres et des recommandations

Les enfants victimes d'accidents mortels de la circulation sont le plus souvent des piétons ou des cyclistes. Mais dans 44 % des cas, ils sont passagers d'une voiture.

51 enfants, en 2012, ont été tués en voiture, en France ; et 2 030 ont été blessés.

L'accident survient le plus souvent dans la voiture des parents, à proximité du domicile.

La violence de l'impact d'une collision à 50 km/h équivaut à une chute du troisième étage d'un immeuble.

Le risque pour un enfant d'être tué est multiplié par six ou sept en cas d'éjection du véhicule.

Lorsque le trajet est court, les adultes omettent d'attacher l'enfant deux fois sur trois.

Si l'enfant est projeté contre le pare-brise, les montants des portes, les armatures de sièges avant, les conséquences peuvent être mortelles dès 20 km/h.

Les principales erreurs quand on fait monter l'enfant en voiture :

- le faire asseoir à l'avant alors qu'il n'a pas 10 ans ;
- avoir un dispositif de retenue mal adapté à la morphologie du petit ;
- avoir insuffisamment arrimé le siège-bébé ;
- avoir négligé le fait que la ceinture était mal positionnée, était détendue ou vrillée.

Une chanson à apprendre

Avec la complicité du petit personnage de BD Zou le Tatou, la Prévention routière propose sur son site une chanson intitulée *Mets ta ceinture !* L'association, qui joue notre ange gardien sur les routes, invite les enfants à en apprendre les paroles par cœur. L'invitation s'adresse aussi, pourquoi pas, à grand-père. Au volant, on n'a pas le droit de téléphoner, mais rien n'interdit de chantonner...

L'avis de l'expert :
« Protégeons nos enfants en permanence ! »

La Ligue contre la violence routière a été fondée au début des années 1980. Chantal Perrichon la préside depuis 2002.

« La Ligue contre la violence routière est très attachée aux dispositifs spécifiques pour les enfants, car ce fut l'un des premiers combats que nous avons mené. Sept ans pour obtenir cette obligation dans notre pays ! Cette mesure semblait impossible à mettre en place (les enfants ne l'accepteraient pas…), or nulle personne sensée n'oserait s'y opposer aujourd'hui.

Les problèmes qui se posent actuellement sont différents :

- *d'une part, la mise en place du siège nécessite parfois contorsions, lecture attentive et… compréhension du mode d'emploi ;*
- *d'autre part, la France a pris un retard par rapport à la sécurité des enfants : en effet, dans les pays Nordiques, le siège, dos à la route est obligatoire jusqu'à l'âge de 4 ans, alors qu'en France, il l'est jusqu'à l'âge de 9 mois ou jusqu'à ce que l'enfant pèse environ 10 kg.*

Pour nous, une seule priorité : l'enfant doit être installé dans son siège, quelle que soit la distance à parcourir. La majorité des accidents se produit dans un périmètre d'une quinzaine de kilomètres autour du domicile. Protégeons en permanence les êtres qui nous sont les plus chers ! »

Premiers repas chez papy : la *check-list* à prévoir

Une cuillerée pour papa, une cuillerée pour maman. Lorsque grand-père se retrouve seul avec le premier de ses petits-enfants, pour un premier repas, il faut qu'il rassemble très fort et très vite ses souvenirs...

Ce n'était pas prévu au contrat. Pour le repas, d'habitude, il y a maman, ou la nounou ou bien mamie. Ce jour-là, par un mauvais concours de circonstances, c'est à papy de s'y coller. La maman du bébé est en déplacement, la nourrice en formation et mamie vient d'être appelée au chevet d'une grand-tante. Qui est-ce qu'il reste ? Suivez mon regard.

Heureusement, on vous a tout préparé. Il suffira de réchauffer. Mais avant de passer à table avec votre petit-fils, voici tout de même quelques précautions à prendre. Si vous respectez cette *check-list*, vous ne devriez pas avoir de mauvaises surprises.

La chaise haute, les couverts plastiques et le bavoir...

La revue du matériel, pour commencer. Assurez-vous que tout est en place ou à portée de main :

- ***La chaise haute.*** Vous avez connu le modèle de votre enfance, en bois, celle qui pouvait se replier grâce à la charnière à mi-hauteur. Posée par terre dans le sens de la longueur, elle figurait un bolide que les enfants, à 1 an et demi déjà, faisaient semblant de piloter. Les modèles, au fil des années, se sont diversifiés et modernisés. Ils ont surtout gagné en stabilité – on redoutait toujours qu'un petit, un peu plus turbulent que ses aînés, parvienne à renverser la chaise. Les nouvelles versions sont également plus commodes à nettoyer : un coup d'éponge et le siège est prêt à resservir pour le goûter, votre prochaine épreuve !

- ***Les couverts.*** Les cuillères « premiers repas » sont en plastique, et pour les plus grands en inox aux bords bien arrondis. Absolument sans danger. Leurs couleurs vives sont censées faire du repas une fête ; à défaut d'ouvrir l'appétit chez les récalcitrants...

- ***Le gobelet ou le verre en plastique.*** Le fond est parfois lesté pour le rendre plus stable ; ça diminue les risques de le voir renverser, volontairement ou non, par bébé. Dans le même esprit, optez pour le bol à ventouse, capable de résister aux gestes maladroits ou de colère. Le verre en verre est à proscrire. Le cristal, vous n'y aviez quand même pas pensé !

- ***L'assiette.*** En faïence ou porcelaine, ça ne vous viendrait pas davantage à l'idée. Sauf s'il s'agit d'en finir rapidement avec un vieux service que vous avez toujours détesté. Vous pensiez peut-être naïvement que l'arcopal conviendrait. Allez, préférez l'inox – un peu bruyant néanmoins quand il tombe sur le carrelage de la cuisine – ou mieux encore le plastique.

- ***Le bavoir.*** Son choix mérite une petite réflexion. Si le repas est un peu liquide, le modèle avec récupérateur semi-rigide incorporé ne sera pas inutile, d'autant qu'il se lave facilement au robinet. Dans les catalogues, on parle d'un bavoir d'apprentissage : il est en effet bien adapté aux petits-enfants qui apprennent à manger seuls. Si bébé bavouse et régurgite, le bavoir en tissu éponge sera préférable. Vous aurez également à choisir entre le bavoir qui se noue et celui qui se scratche, et entre les modèles avec ou sans manches. Dans la réserve, vous trouverez un bavoir brodé « J'aime mamie ». Fouillez un peu, ça existe peut-être en version « J'aime papy ». Il n'y a pas de raison !

Les gestes et les réflexes reviennent très vite

Tous ces préparatifs, vous le comprenez, exigent un minimum de temps. Pour éviter que bébé ne s'impatiente trop, il sera donc prudent de s'y prendre à l'avance. Puis, une fois que tout sera en place, vérifiez que la purée est suffisamment chaude, mais pas brûlante. Et c'est parti ! Si l'enfant n'a pas de problèmes avec les repas, inutile de chercher à en faire un jeu : le rendez-vous doit rester un moment tout ce qu'il y a de plus normal, comme avec ses parents. Mais il se peut qu'un peu de spectacle soit nécessaire. Dans ce cas, n'oubliez pas de convoquer vos souvenirs de comptines et de petites astuces pour rendre le repas plus ludique. Vous savez : « Une cuillerée pour papa, une cuillerée pour maman… » Puis, avec la cuillère, imitez l'avion qui plane avant d'atterrir dans la bouche de votre convive. Vous allez voir : les gestes et les réflexes d'autrefois vous reviendront très vite.

Si bébé éclate de rire à vos plaisanteries, il risque de recracher au-delà du bavoir et de la tablette de la chaise haute. Le chien de la maison saisit généralement très rapidement l'intérêt d'assister à la séance repas, en spectateur alerte. À grands coups de langue, il va vous nettoyer ça. Seul problème : si bébé s'en aperçoit, la récidive vous menace…

Ce que dit le carnet de santé

Le carnet de santé remis à la naissance de votre petit-enfant précise à quel rythme la diversification alimentaire peut commencer :

- dès le 5e mois, les fruits très mûrs; la purée de pommes de terre et la purée (lisse) de légumes;
- dès le 6e mois, le yaourt;
- dès le 7e mois, fruits crus, écrasés; viande ou poisson mixés à raison de deux cuillerées à café par jour; ou encore un quart d'œuf dur;
- à partir du 9e mois, pommes de terre et légumes en petits morceaux; viande ou poisson hachés à raison de quatre cuillerées à café par jour; ou encore un tiers d'œuf dur.

L'avis de l'expert :

« Faire passer une émotion, raconter une histoire »

Deux questions au Docteur Patrick Serog, médecin nutritionniste, auteur de nombreux livres, dont *La guerre des repas n'aura pas lieu* avec Roseline Lévy-Basse (Marabout, 2017) et *Les enfants, à table !* (Flammarion, 2012).

– En cas de caprice de l'enfant, quand il mange chez ses grands-parents, faut-il insister ou se dire que le petit mangera mieux au prochain repas ?

– Le rôle des grands-parents n'est pas de forcer les petits-enfants à tout manger. C'est aux jeunes parents que cela revient d'insister et de veiller à ce que l'enfant mange suffisamment. En revanche, les grands-parents sont bien placés pour expliquer, pour raconter une histoire autour du plat, dire ce qu'il représentait pour eux autrefois. Ce qui est à faire passer à l'enfant, me semble-t-il, c'est avant tout une émotion.

– Un rôle de transmission également ?

– Oui et cette transmission passe aussi par la pratique. Les grands-parents doivent inviter les petits-enfants à préparer les repas avec eux, cela doit se faire très tôt. L'enfant s'y mettra avec les mains, avant même de savoir tenir un couteau ou une fourchette. La recette et ses étapes seront comme un jeu pour lui… On va lui montrer la merveille de l'aliment qui se transforme. La pâte qui gonfle, la viande qui cuit.

Notes

Acte 3

Ils sont chez eux

Votre petit-fils ou votre petite-fille a déjà 1 an ou 2. Ils adorent venir chez vous et vous n'êtes pas en reste : vous attendez leur visite avec impatience. Mais vous l'avez rapidement compris, pour que ça marche entre vous, il y a une règle du jeu et il faut la leur faire connaître. Ne vous inquiétez pas : on peut parfaitement se faire respecter sans passer pour un affreux jojo qui ne supporte pas les enfants.

Ils se précipitent dans la salle de jeux !

Les jouets, papy les garde précieusement dans un coffre ou en bas d'un placard. Parfois, il peut leur accorder une chambre entière qui devient la salle de jeux. Quand ils arrivent, les petits-enfants s'y dirigent les yeux fermés...

Pas besoin de GPS, ni de guidage au sol ; pas besoin non plus que papy leur donne la main. Nos petits-enfants ont le sens de l'orientation inné quand il s'agit de retrouver le chemin des jouets, les jours où ils viennent chez grand-père.

Chez les grands-parents, les jouets n'occupent pas autant de place que chez papa et maman. Une caisse ou bien deux suffisent à les ranger, ou bien un coffre. Parfois, on a libéré le bas d'un placard. Dans le meilleur des cas, une chambre leur est carrément dédiée, souvent celle qu'occupait l'un des parents du petit : depuis que les enfants ont quitté le domicile familial, papy et mamie sont plus au large. Cette chambre-là devient la salle de jeux. Mais, quel que soit l'endroit réservé aux jouets, les petits s'y dirigent les yeux fermés. Dès qu'ils franchissent la porte de l'appartement ou de la maison, ils sont comme attirés par un aimant. Maman insiste pour qu'ils prennent le temps d'embrasser les grands-parents. Ils y consentent évidemment, mais on devine que c'est seulement pour faire plaisir. L'attraction est trop forte pour gaspiller quelques précieuses minutes en route. Nos petits-enfants savent où se trouvent la cachette du trésor, ils s'y précipitent !

Après le départ des grands enfants, on en fait quoi de leur bazar ?

Des jouets de vos propres enfants, que faut-il garder, donner, jeter ? Au départ de votre benjamin, pour la fac ou pour sa copine – ou les deux à la fois – vous vous êtes posé la question sans encore penser aux éventuels petits-enfants à venir. Au fil des années, vos enfants ont bien commencé à faire le ménage, mais en douceur et à reculons. Trop de souvenirs les rattachent à ces jouets qui ont blanchi sous le harnais : ceux-ci n'ont pas grandi avec eux, ils se sont contentés de vieillir. Même quand ils sont usés jusqu'à la corde, élimés, éventrés, c'est difficile de s'en séparer.

Vous avez continué à déblayer un peu, mais en y allant mollo, d'ailleurs il n'y avait pas urgence. C'était bien vu. Maintenant que la naissance du premier petit-fils est annoncée, vous ne regrettez pas d'avoir gardé quelques réserves. Encore un an et demi ou deux et vous allez pouvoir établir le « Top 3 » des jouets dont vos petits-enfants raffolent quand ils débarquent chez vous.

Les peluches, c'est toujours une valeur sûre pour les petits, fille ou garçon ! La panthère noire décroche généralement le pompon. Elle a la taille d'un chat, d'un vrai, et son pelage est aussi doux. Les enfants se familiarisent super vite avec elle. L'avantage, c'est qu'elle ne griffe jamais, même quand on la retourne dans tous les sens ou qu'on lui marche inopinément sur la queue. On l'aime tellement cette panthère qu'on la réclame à l'heure de la sieste et du coucher et qu'on la veut pour compagnon de cantine au moment du repas. Une star, quoi ! Papy l'aime bien aussi parce qu'avec elle il n'y a pas de corvée de litière... Papa et maman l'aiment moins. À chaque fois, ils demandent si mamie a bien pensé à la passer à la machine à laver. Le deuxième jouet préféré des petits-enfants plaît aussi autant aux garçons qu'aux filles. C'est la grande maison Playmobil devant laquelle ils peuvent passer des heures. Papy et mamie ont réussi la performance de la garder quasiment intacte. Il manque peut-être une jardinière ou deux, la rambarde d'un balcon, et l'une des portes du rez-de-chaussée, mais le reste est nickel... Pour atteindre le dernier étage, l'enfant doit se hausser sur la pointe des pieds. En s'appuyant un peu fort, au début, il risque bien de tout flanquer par terre. C'est comme ça qu'on apprend, assure grand-père.

Pour la médaille de bronze, les préférences ne sont plus du tout les mêmes selon qu'on est un gars ou une fille. Le petit-fils n'a d'yeux que pour la voiture de pompiers. Un modèle d'au moins trente centimètres... et sans aucun doute d'au moins trente ans aussi. La grande échelle ne coulisse plus : quelle importance? *« On n'a qu'à dire qu'elle est en panne ! »* Quand on fait circuler le camion à travers la chambre et jusque sous le lit, on fait monter à bord tous les personnages qu'on a sous la main, y compris ceux qui n'ont rien à voir avec les pompiers. Urgence fait loi.

Généralement, mais il y a des exceptions, et c'est tant mieux pour les futures vocations féminines dans les centres de secours, les petites-filles ne s'intéressent pas vraiment aux soldats du feu. En revanche, impossible de ne pas succomber au charme des poneys et à leur douce crinière aux tons mordorés ou fluo. Ils reviennent à la mode, alors les retrouver chez papy et mamie, c'est « gé-nial ».

Vos petits-enfants n'ont pas eu de mal à trouver la malle au trésor et, pour eux, c'est un émerveillement qui n'en finit pas. À chacune de leurs visites, ils continuent l'exploration, incrédules de trouver tant de choses en si peu d'espace.

Il faut leur suggérer de ne pas tout déballer d'un coup. Ce serait si facile de renverser la caisse à jouets en arrivant ! Mais tout se mélangerait et il deviendrait vite impossible de s'y retrouver. Il faut aussi les prévenir. Le soir, ils ne quitteront pas l'appartement ou la maison de papy sans avoir tout remis à sa place. Sans quoi l'aspirateur aura le dernier mot – les petits comprennent vite le danger.

La chambre-musée, non merci...

Dans certaines maisons, dans certains appartements, personne ne prend l'initiative de faire le grand ménage quand le dernier des grands enfants prend son envol. On maintient tout en l'état, intact, sans rien bouger. La lampe de chevet, la descente de lit, le coussin brodé, ou bien celui à tête de Disney, les posters de chanteurs, etc. ; rien ne manque à l'inventaire, y compris les poupées de collection et le tutu des cours de danse.

Seulement, quand les petits-enfants déboulent, c'est branle-bas de combat à bord. Les premières fois, ce papy-là devait se mettre en travers de la porte pour empêcher ses Attila en herbe de mettre la pièce à sac. L'interdiction a porté ses fruits. Le petit-fils et la petite-fille avaient tout juste le droit de passer la tête dans l'embrasure ; ils s'y sont pliés au début puis s'en sont vite détournés. La chambre-mausolée ne les intéresse plus ; et, malheureusement, la visite chez grand-père à peine davantage...

Si on a tout jeté...

Parfois papy et mamie ont déjà tout jeté ou donné. Qu'est-ce qu'on rachète alors ? Il faut s'arrêter à l'essentiel, sans tomber dans la folie consumériste des grandes surfaces de jouets qui profitent du filon grands-parents dévoués. L'essentiel, au début : des cubes qui s'empilent, s'emboîtent, s'effondrent. Un baigneur, quelques animaux. Puis quand l'enfant grandit, on fera l'acquisition d'un garage, des voitures (en faisant bien attention à la taille réglementaire des pièces pour les moins de 3 ans), d'une maison de poupée, de gros puzzles en bois, etc.

Papy fixe les règles :
« Comme ça, on va rester copains ! »

Pour votre petit-fils, un repas ou un séjour chez papy ne doit évidemment pas ressembler à une punition. Mais, pour vous, ça ne doit pas non plus devenir une guerre de tranchée que vous terminerez épuisé. Il y a donc quelques règles à fixer.

C'est entendu, vous ne désirez pas jouer les gardes-chiourmes tout le temps que votre adorable petit-fils va passer chez vous. Vous en faites une question de principe : vous tenez à votre réputation et vous ne voulez pas faire du domicile de papy une prison – même dorée. Pour autant, vous tenez aussi à une certaine tranquillité et vous êtes bien décidé à ne pas vous laisser déborder. À vous de prévoir, par conséquent, les garde-fous nécessaires. Si vous-même avez bien éduqué vos propres enfants, ceux-ci veilleront à leur tour à ce que leur progéniture soit correcte et respectueuse avec vous. Et ça commence toujours par un gros bisou. On n'arrive pas chez papy et mamie sans d'abord leur dire gentiment bonjour. De préférence avec le sourire et un mot affectueux dans la poche – avec le mouchoir.

L'appartement n'est pas une arène

Les règles de vie, ensuite. La première part d'un constat : on ne peut pas empêcher un jeune enfant de courir. Cela fait partie de sa vie. Mais on n'est pas obligé non plus de le laisser transformer l'appartement ou la maison en piste d'athlétisme, en arènes ou en défouloir. Ce serait le plus sûr moyen de vous fâcher définitivement avec les voisins du dessous dont la dame, justement, est sensible au bruit et sujette aux migraines. Courir, oui, mais dehors. Cela suppose de sortir avec votre petit-enfant : vous devrez vous y obliger, même quand le temps est maussade ou carrément pluvieux. *« Mon petit-fils n'a pas l'habitude de marcher. Chaque fois qu'il vient au moment des vacances, on sort les bottes et on prend la direction de la forêt. Sans s'en apercevoir, tellement il y a de choses à lui faire découvrir, il est capable de marcher une heure et davantage. Et maintenant, c'est lui qui me le réclame !* », raconte Jean-Paul, grand-père de deux garçons.

Dix minutes sous la pluie, cela n'a jamais tué un gamin en bonne santé. Au retour, on lui sèche les cheveux, on le frictionne – il grogne, mais il adore ça en réalité – et on le met au sec en changeant ses vêtements s'ils sont mouillés. Vous verrez : votre garnement retrouvera avec bonheur la chambre que vous mettez à sa disposition ou le séjour où il a aménagé son coin. Après avoir bien gambadé, il devrait jouer tranquillement jusqu'à l'heure du dîner.

« Tu regardes avec les yeux »

Crier, on peut facilement expliquer aux petits-enfants que c'est interdit. Et dire pourquoi. C'est fatigant pour papy et mamie, agaçant pour les voisins. Et si peu efficace : on ne se fait pas mieux comprendre que si on parlait normalement.

Toucher, ah toucher ! Quand vous étiez petit, vous l'avez souvent entendu cette recommandation : « *Tu regardes avec les yeux, pas avec les mains. Tu ne touches pas, compris ?* » L'apprentissage est plus ou moins difficile selon l'âge et le caractère de l'enfant. Mais protéger un bibelot fragile – et ça ne manque pas chez les grands-parents, alors que c'est une espèce quasiment inconnue chez papa et maman –, préserver un livre rare, empêcher le petit de jouer avec les touches du téléphone, la télécommande de la télévision ou les boutons du four, c'est aussi protéger votre petit-fils ; parce qu'il pourrait se couper avec un morceau de verre cassé ou se brûler à la cuisine. C'est aussi le préparer à vivre en société. Et la société, elle commence chez les voisins ou dans la famille du camarade d'école. S'il se tient bien chez grand-père, le jeune enfant saura adopter le même comportement chez les autres, et on le réinvitera. Les gamins réputés casse-tout, les petits vandales en herbe, sont vite repérés et tenus à l'écart. La règle de ne rien toucher vaut d'ailleurs à la maison comme dans les magasins – à la boulangerie ou à l'hyper : on ne touche pas aux bonbons qui, pourtant, sont justement à portée de main ; et on ne manipule pas les articles dans les rayons. Du moins sans autorisation.

Dire bonjour. Ne pas courir, ne pas crier, ne pas toucher. Le reste, pour beaucoup, est affaire de convention ou de traditions familiales. Chez beaucoup de grands-parents, on est tenu de quitter ses chaussures sitôt le seuil franchi, et de circuler avec les chaussons que papy et mamie gardent d'une fois sur l'autre et qui, l'année prochaine, serviront à la petite sœur. Chez quelques-uns, se déchausser paraît au contraire le comble de la familiarité, voire des mauvaises manières. Bon papa ne quitte pas ses chaussures dans son intérieur – il garde ses chaussons pour l'intimité de sa chambre et on est prié de l'imiter. Normal, il est maître chez lui. C'est aussi, quand on est enfant, l'une des leçons à retenir dans un coin de sa tête.

L'avis de l'expert :

« Sans être en conflit avec les parents »

Le Docteur Alain Braconnier est spécialiste de l'adolescent et du jeune adulte. Psychiatre et psychanalyste, il est l'auteur de nombreux livres, dont *L'enfant optimiste* (Odile Jacob, 2015), et *Être parent aujourd'hui* (Odile Jacob, 2013).

« Par rapport aux parents de l'enfant, le grand-père a un rôle différent et complémentaire. C'est avant tout au père et à la mère de fixer les règles, mais le grand-père a la possibilité, et il ne doit pas s'en priver, de les compléter. Je pense aux règles de politesse ou de comportement pendant les repas. C'est important qu'il puisse dire à son petit-fils ou à sa petite-fille : "Quand on reçoit quelque chose, on dit merci" ou bien : "À table, tu t'assieds correctement pour manger !" Mais comme il n'est pas dans la responsabilité directe de l'enfant, il va apporter un "plus", introduire ce que j'appelle "une nuance heureuse".

Il faut que le grand-père veille cependant à deux écueils. La première est de ne pas être en contradiction ou en conflit avec le jeune couple dans ce qu'il attend de l'enfant. Ce serait une erreur de fixer des règles très différentes de celles des parents : l'enfant va s'y perdre ! L'autre écueil serait de reprendre son petit-fils ou sa petite-fille en présence des parents. Sa remarque risque en effet d'être mal perçue par ces derniers. Quand les parents sont là, les grands-parents ne doivent pas se substituer à eux. En revanche, quand ils sont seuls avec l'enfant, leur autorité ne pose pas de problème.

D'une façon générale, les grands-parents ont un statut que les petits identifient parfaitement : ils sont les parents des parents. C'est la raison pour laquelle leur parole porte auprès du jeune. À l'adolescence, cette dimension va continuer à jouer. L'ado va considérer son grand-père comme un recours, à la fois pour les conflits qui peuvent surgir dans la famille, et comme un transmetteur dont il attend beaucoup : "Raconte-moi notre histoire"... »

Les frites de grand-père, elles sont bien meilleures

Parmi les plats qui font l'unanimité chez vos petits-enfants, les frites sont généralement sur la première marche du podium. Mais les frites de grand-père ont de sacrées concurrentes avec celles du fast-food. Que les meilleures gagnent !

Un repas chez les grands-parents, ça doit ressembler à une fête. Attention tout de même à ne pas transformer le rendez-vous en un banquet interminable digne des temps jadis. Entre le déjeuner au lance-pierres et celui qui vous tient à table une ou deux heures, il y a un équilibre à trouver.

L'équilibre, il faut essayer de l'installer aussi dans l'assiette. Discrètement, sans vouloir transformer le repas en cours de diététique, on peut tenter d'initier les jeunes convives du jour aux principes essentiels d'une alimentation saine – des principes qu'un certain nombre connaît déjà un peu, parce que papa et maman y tiennent. C'est le problème justement : quand ils viennent manger chez vous, vos petits-enfants rêvent peut-être d'autre chose que le menu habituel.

À vous de relever le défi !

Quel plat leur ferait plaisir ? Si vous leur posez la question, ils ne sauront pas forcément répondre d'emblée. Tentez une proposition. Au mot « frites », vous voyez leur regard s'allumer. Il est vrai que, pendant la semaine, papa et maman n'ont pas beaucoup de temps pour se lancer dans l'opération. Et puis ils trouvent peut-être que c'est gras et qu'ensuite ça va sentir la friture et l'huile chaude dans l'appartement pendant des heures... Alors, à vous de relever le défi !

La technologie – où va-t-elle se nicher ? – a permis d'énormes progrès dans la fabrication des frites maison. Les rayons d'électroménager proposent désormais une multitude de friteuses qui sont à la fois économiques, écologiques, diététiques, propres et beaucoup plus sûres. Plus de danger que l'huile brûlante s'enflamme ou ébouillante l'enfant qui aurait commis l'imprudence de s'approcher un peu trop de la table de cuisson. La nouvelle friteuse électrique fonctionne avec une cuillerée à soupe d'huile, pas davantage. Quant à ses frites, elles n'ont rien à envier à celles que vous faisiez il y a dix ans.

Un vrai champion

Normalement, vos petits-enfants devraient succomber au charme et vous considérer comme un vrai champion de la discipline. Mais ce serait trop beau si ça marchait à tous les coups et à tous les âges. Il y a deux catégories de frites, celles qui sont maison, les vôtres, et celles du fast-food. Entre les deux, la compétition est sans pitié. Votre jugement est fait, mais c'est difficile d'être à la fois juge et partie. Or, votre petit-fils ne raisonne pas comme vous, ses critères ne sont pas les mêmes. Sans parler des copains qui l'ont peut-être influencé : à 10 ou 12 ans, il va peut-être commencer à faire la moue devant votre production, à bouder les pommes de terre que vous avez passé tant de temps à laver, à éplucher, à couper et à faire dorer. Bref, la frite surgelée, croustillante mais bien grasse, est capable de vous faire de l'ombre. Un moment, vous croirez avoir trouvé la bonne idée en reprenant à votre compte la frite un peu large, façon tradition, d'un célèbre fast-food. Tentez l'expérience, le résultat n'est cependant pas garanti.

Pire encore, le pré-ado – qui porte votre nom, mais que vous avez un peu de mal à reconnaître – va montrer moins d'enthousiasme à venir chez vous quand vous l'inviterez à déjeuner. Sans gêne ni fausse honte, il vous demandera si ce ne serait pas mieux d'aller ensemble au MacDo. Dépêchez-vous d'accepter, quand bien même cela vous paraît humiliant de vous incliner devant les frites industrielles de la restauration rapide. Oui, dépêchez-vous ! Encore un an ou deux et votre petit-fils réclamera d'aller au fast-food, mais avec les copains et sans vous !

Consolez-vous : ce ne sera pas la qualité, la forme ou la saveur de vos frites qui, cette fois, seront en cause...

Le conseil de Dadou

Allez voir et goûter la concurrence, au fast-food le plus proche. Jouez-la modeste en reconnaissant son savoir-faire. Et faites preuve de patience. Dans quelques années, à force de manger à la cantine ou au restaurant universitaire, vos petits-enfants reviendront affectueusement vers vous. Les frites de papy, c'est eux qui les réclameront.

L'avis de l'expert :

« Le fast-food, pourquoi pas, mais pas plus d'une fois par semaine »

Le Docteur Patrick Serog est nutritionniste. Il est l'auteur de plusieurs livres, dont *Guide de la nutrition de l'enfant* (Le Seuil, 1999) et *Les enfants, à table !* (Flammarion, 2012).

« Un grand-père peut sans problème convier son petit-fils au fast-food. Mais seulement de façon occasionnelle – une fois par semaine, ce doit être un maximum. Le grand-père doit aussi expliquer au pré-ado que l'alimentation y est plus grasse et qu'on n'est pas bien si on y mange tous les jours.

L'expression "manger sain" ne veut rien dire. Dans 99 % des cas, ce que consomment les Français aujourd'hui ne contient pas de bactéries nuisibles à la santé. C'est cela une alimentation saine. Que le repas soit trop gras, trop sucré ou trop salé, c'est autre chose. Éviter les excès, notamment en graisses, sera le résultat d'un apprentissage au quotidien avec la famille.

En matière d'alimentation, les grands-parents ont vraiment quelque chose à transmettre. Ils sont à cet égard beaucoup plus porteurs de transmission que les parents. Chez eux, ils vont proposer des plats plus élaborés, et des aliments qui leur sont familiers depuis toujours, mais en les adaptant et en y intégrant certaines nouveautés qu'ils n'ont pas connues dans leur jeunesse...

Ses goûts alimentaires, l'enfant les forme en fonction de ce qu'il connaît à la maison ou à l'école. Mais, effectivement, les grands-parents peuvent avoir de l'influence : ils offrent une gamme de goûts élargie en même temps que les bases d'un équilibre alimentaire. L'impact est réel et durable. Combien de jeunes adultes confient ne jamais avoir retrouvé la saveur du bœuf bourguignon, par exemple, que leur cuisinait leur grand-mère ! »

Le bonheur de ne rien faire, tout seul, dans les bras de papy…

Votre petit-fils s'est blotti dans le creux de vos bras. Vous ne vous y attendiez pas, tellement il était remuant quelques instants plus tôt. Il est bien. Et vous aussi !

Il n'est pas malade. Même pas fiévreux. Ce n'est pas l'heure de la sieste, ni celle encore du coucher. On est le matin, ou bien le soir juste avant le repas. Ou bien à n'importe quel autre moment de la journée. Votre petit-fils vient se pelotonner contre vous. Sans raison, sans mobile. Gratuitement.

Il ne se sent pas malheureux non plus. Il n'est pas pris d'un gros chagrin et ce n'est pas davantage une question de vague à l'âme. Non, rien de tout ça. Il éprouve seulement l'envie d'un moment de douceur, tout contre vous. Comme hier, ou comme demain, avec mamie. Lové dans vos bras, il peut rester longtemps silencieux, si tranquille que vous avez éventuellement de la difficulté à reconnaître le chenapan de tout à l'heure. Celui qui s'est dépensé sans compter dans le square, qui a cavalé tout l'après-midi dans l'appartement ou la maison. Vous n'aviez pas grondé, pas élevé la voix. Il est revenu au calme tout seul. Et maintenant, il savoure !

Il ne réclame rien, il ne veut que vous

Il pourrait reprendre ses briques et ses constructions, ou bien faire rouler le camion des pompiers qu'il avait délaissé. Il pourrait tout aussi bien réclamer une histoire, lui qui aime tant frissonner de peur quand vous imitez la voix du gros méchant loup. Il pourrait fouiller tout seul sur les étagères, comme un grand, pour trouver le CD de ses chansons préférées, ou bien vous demander d'allumer l'ordinateur pour regarder avec vous un nouvel épisode d'une série pour les petits. Il n'en a pas envie. Il ne souhaite qu'une chose : rester tendrement contre vous.

Apaisé et protégé. Il ne veut rien d'autre ni personne d'autre que son grand-père chéri. Attention à ne pas le décevoir. En cet instant qui ne va pas durer, se montrer disponible et répondre à son attente, c'est ce qui doit primer.

– *« Papy, je veux tes genoux pour moi tout seul ! »*

Il ne revendique rien de plus. Il n'y a pourtant pas de concurrence à l'horizon, pas de petit frère ou de petite sœur qui pourrait vouloir se faire câliner aussi. Il le sait bien, mais il ne peut s'empêcher de le dire : il sollicite votre affection, et il la veut de façon exclusive.

Ne vous inquiétez pas : autant qu'un adulte, il sait manier les paradoxes. Il aurait tout aussi bien pu appeler son frère ou sa sœur, et les inviter à grimper sur vos genoux en même temps que lui. Pas pour chahuter, seulement pour confondre leurs têtes ébouriffées sur votre poitrine et y écouter les battements de votre cœur. Oui, tantôt il se fait tyran, et attend d'être traité de façon privilégiée comme s'il était seul au monde, tantôt il lui faut au contraire la compagnie des autres pour vraiment goûter le bonheur d'être avec vous.

Victor Hugo a tout résumé d'une formule

Victor Hugo, sur le sujet, a trouvé la formule définitive, celle qui exprime tout ce que vous ressentez en ce moment. De l'amour maternel, il constate que « chacun en a sa part et que tous l'ont tout entier ». Remplacez « amour maternel », par « amour du grand-père » et l'on comprendra les liens intimes qui se nouent à cet instant entre vos petits-enfants et vous. Victor Hugo savait de quoi il parlait !

Parfois, cette connivence silencieuse conduira aux confidences. Votre petit-fils, tout en confiance, se mettra à évoquer l'école et la maîtresse, les copains et les copines de la récré :

– *« Léa, c'est plus ma copine, tu sais ! »*

Non, vous ne le saviez pas et vous allez prêter une oreille attentive à son récit. Sans vous moquer, sans dramatiser non plus. Il faudra peut-être rassurer, sûrement consoler.

Machinalement, l'enfant se met à sucer son pouce, ou bien à triturer votre veste de laine. Si sa grand-mère était là, il s'amuserait avec ses cheveux, en nouant une mèche autour de ses doigts minuscules. Parce que c'est doux, tellement doux et que mamie ne dit rien. Avec vos cheveux de papy, on ne peut plus jouer. C'est beaucoup trop tard !

Dans la maison de papy, comme au spectacle...

Vos petits-enfants adorent monter sur scène. Ils ne demandent pas de cachet et se contentent d'une pièce de la maison pour réaliser leur spectacle. De vous, ils attendent que vous assuriez le public et la claque. Et, dans vos placards, ils sauront dénicher costumes, décors et accessoires.

Il pleut ? C'est la solution idéale. Le soleil cogne trop fort ? C'est encore la solution. Monter un spectacle rien qu'à votre intention, vos petits-enfants ne demandent que ça. Les répétitions les occuperont un bon moment. Mais prévoyez un peu de disponibilité quand même. Lors de ce genre d'opération, vous n'êtes pas seulement le spectateur. Il y a des chances pour qu'on vous demande d'intervenir aussi comme accessoiriste et régisseur, et comme propriétaire de salle, cela va de soi. Une pièce pas trop encombrée fera l'affaire. Avec deux portes de préférence, pas pour la sortie de secours, mais pour avoir un côté cour et un côté jardin, comme au théâtre.

Costumes : ils ne sont pas difficiles !

Attendez-vous à ce que les jeunes comédiens vous réclament des costumes et des accessoires. Leur bonheur commence par le déguisement. Ils ne sont pas difficiles. Un t-shirt défraîchi, une robe qui n'est plus à la mode, un vieux chapeau et une canne, cela constitue une base de départ appréciable. Si ça ne suffit pas, comme il est probable, laissez vos petits-enfants inspecter l'appartement ou la maison de fond en comble, je suis sûr qu'ils tomberont sur l'élément qui manquait : le peignoir de mamie va être recyclé dans l'instant en robe de princesse, et la casquette de papy, on ne sait pas encore, mais ça peut toujours servir.

En matière de décor, c'est économique : vos apprentis metteurs en scène sont habitués à tirer profit de la moindre petite chose, mais préparez-vous à ne pas tout à fait reconnaître le séjour ou le salon-bibliothèque dans l'état où vous les leur avez confiés : les chaises auront été mises cul par-dessus tête, les fauteuils bousculés, les coussins entassés dans un coin et le tapis repoussé dans un autre.

Parfois, les préparatifs et les répétitions durent plus longtemps que la représentation proprement dite. Il arrive aussi que nos petits artistes, après s'être bien amusés entre eux, en oublient leur projet de séance ouverte au public. D'autres fois, au contraire, ils sont tellement enchantés qu'ils se déclarent spontanément prêts à offrir une deuxième aubade. Qu'à cela ne tienne : ce petit plaisir qu'on va leur faire en applaudissant le spectacle comme si c'était la première fois, constituera pour eux la meilleure des récompenses.

Prévoir un état des lieux avant et après le spectacle

En fin de journée, tout le monde sera épuisé. Vos intermittents du spectacle, mais vous également, spectateurs intermittents. Parce qu'il a fallu s'interrompre pour le goûter – c'était l'entracte – et pour le plus petit, par une pause pipi. Sans parler de la maison qu'il a bien fallu remettre en ordre. Dans l'excitation générale, on avait laissé faire, mais toute a une fin.

À cet égard, un état des lieux n'aura pas été superflu, avant et après la représentation. On peut même faire signer un mot aux représentants officiels de la petite troupe, du genre : *« Je m'engage, après le spectacle, à réinstaller chaises et fauteuils à leur place initiale »*. S'engager, réinstaller, initiale : rien que des mots nouveaux qui vous feront, en plus, une leçon de vocabulaire improvisée. Les jeunes parents vous en sauront gré. Et c'est eux qui applaudiront !

Le conseil de Dadou

Moins vous paraissez intervenir dans la préparation du spectacle de vos petits-enfants, mieux c'est. Mais une indication de mise en scène, discrètement proposée, est généralement la bienvenue. N'hésitez pas non plus à réfléchir avec eux à la conclusion de leur saynète. Les applaudissements, ça se mérite ; les enfants le comprennent très bien.

Pour les costumes et les décors, nos artistes en herbe ont une créativité incroyable, à condition qu'ils trouvent sur place de quoi nourrir leur imagination. Alors, ne jetez pas trop tôt vos vieilles affaires.

Le goûter servi à l'entracte peut l'être également à la fin de la séance. Et papy peut l'avoir préparé en secret avec mamie. Une bonne surprise qui donnera de l'énergie à la petite troupe pour tout ranger ensuite !

L'avis de l'expert :

« Mes deux grands-pères ont beaucoup compté »

Comédienne et metteur en scène, Stéphanie Tesson codirige le Théâtre de Poche-Montparnasse, à Paris. Elle est aussi la fille du critique théâtral Philippe Tesson.

« Mes deux grands-pères ont beaucoup compté dans mon engagement théâtral, et dans l'accompagnement artistique de toute notre famille. Mon grand-père maternel nous emmenait beaucoup au théâtre et me poussait énormément à écrire : il était très attentif à nos productions littéraires, n'ayant pas pu lui-même exploiter cette veine d'écriture qu'il avait pourtant en lui…

Enfants, nous avons toujours imaginé des spectacles que nous présentions à chaque réunion de famille. Nous les écrivions nous-mêmes, souvent en les agrémentant de chansons, car certains d'entre nous sont très musiciens. Nous rassemblions nos cousins pour l'occasion (venus les uns de Belgique et les autres de Tahiti), et pendant une journée nous ne sortions pas de notre chambre pour être prêts pour la représentation du soir. De ces spectacles-minute montés avec les moyens du bord, mais scrupuleusement préparés, est né mon goût de la fête théâtrale, mon goût pour le côté artisanal de la fabrication d'une mise en scène, pour l'atmosphère très fraternelle, très bon enfant que j'aime voir régner dans les équipes avec lesquelles je travaille, pour l'aspect ludique et spontané de chaque représentation offerte au public dans un climat de confiance et comme un cadeau à partager. Mon père a beaucoup compté dans ces rituels de théâtre familiaux : il nous mettait en scène, et il a longtemps été l'auteur de nos petites saynètes ou impromptus, avant de nous passer le flambeau. Mais nous continuons à chanter en famille, entraînés par sa fougue de pianiste ».

Acte 4

Le temps de la complicité

Les petits-enfants grandissent. On dit que c'est en taille autant qu'en sagesse. C'est généralement vrai. À vous de nourrir ce temps de la complicité avec eux. Entre 5 et 10 ans, votre petit-fils et votre petite-fille attendent beaucoup de vous. Pour construire une cabane, pour apprendre à tenir à bicyclette… et pour bien d'autres choses encore. Vous ne pouvez pas imaginer toutes les passions qui peuvent se transmettre entre vous et eux.

« La cabane, tu me la construiras quand, papy ? »

Les cabanes n'en finissent pas de faire rêver vos petits-enfants. Mais ce n'est pas le monopole de leur génération. On a tous une cabane dans le cœur !

Il suffit de prononcer le mot pour que les yeux de vos petits-enfants s'allument. Quel mot ? En fait, il y en a plusieurs : cabane, caverne, cachette. Et quelques autres encore, sans doute. Leur pouvoir d'évocation tient du mystère, mais ce pouvoir traverse les générations et tout le monde y passe !

– *« Dis, papy, comment tu les fais, toi les cabanes ? »*

La question n'est pas totalement gratuite ; elle ressemble à une invitation. Votre petit-fils ou votre petite-fille va bientôt compléter sa phrase en vous interpellant à nouveau :

– *« Dis, papy, la cabane, tu me la construiras quand ? »*

Dès lors, il/elle ne vous lâchera plus. Tout deviendra prétexte à vous rappeler à vos devoirs de grand-père : une balade en forêt, une émission de télé-réalité, les souvenirs d'enfance de son papa – aussitôt, il embraiera sur son idée fixe. Et vous ne pourrez pas vous défiler indéfiniment...

Quand le futur aventurier avoisine 4 ou 5 ans, il limite encore ses ambitions. Un drap tendu en travers d'un étendoir à linge fera l'affaire. Votre petit garçon a juste la place de s'y asseoir entre les montants, mais ça lui suffit. Le résultat s'avère plus proche d'une tente de nomades du désert que de la cabane espérée, mais son locataire n'est pas trop regardant. L'essentiel est qu'il puisse s'y recroqueviller à l'abri des regards.

La cabane qu'on ne reconnaît plus

En grandissant, monsieur voudra une vraie cabane, pas un subterfuge pour les bébés. Mais une cabane sur la terre ferme, ça marchera encore. Si papy ne craint pas de se lancer dans le bricolage, il achètera quelques planches et montrera à l'enfant comment les assembler. Le montage peut s'étaler sur plusieurs jours, voire plusieurs semaines, pour peu que le garçon / la petite fille ne vienne qu'aux vacances scolaires. Il retrouvera le chantier avec plaisir, ce n'est pas un souci.

Si le grand-père ne dispose pas d'un jardin à lui – oh la belle excuse ! – et s'il n'est décidément pas bricoleur, il pourra se rabattre sur la forêt ou le petit bois à proximité. Les gamins adorent ramasser des branches tombées au pied des arbres, le vôtre ne fera pas exception. En choisissant les branches les plus grandes, il sera commode de fabriquer une hutte. Et si personne ne vient la détruire entre-temps, le petit-fils pourra régulièrement revenir prendre des nouvelles de sa construction. Une hutte n'est pas une cabane, c'est entendu. Mais rien n'empêche de jeter son dévolu sur un arbre pas trop haut et aux branchages bien aérés pour tenter d'y installer une sorte de plancher. L'été suivant, votre héritier se précipitera là où il pense avoir installé son refuge. Il aura un peu de mal à identifier la haie ou bien l'arbre qu'il avait choisi. Une fois qu'il l'aura repéré, vous risquez de l'entendre se plaindre. D'un doigt accusateur, il désignera la cabane que l'hiver aura dénudée :

– *« Papy, j'en étais sûr ! Quelqu'un est venu démolir ce qu'on avait construit ensemble. Comment il a pu savoir l'endroit, c'était un secret… »*

Encore quelques mois ou peut-être une année, et votre petit-fils/petite-fille, cette fois, feindra d'avoir oublié sa cachette. Vous lui montrerez les lieux, ça ne lui dira rien. Non, sincèrement, il ne reconnaît pas ce dont vous voulez lui parler. C'est surtout l'enfant qu'il était l'année précédente qu'il ne souhaite pas reconnaître. Maintenant qu'il est pré-ado, il n'est plus à l'âge des cabanes !

Une nuit à la cime d'un arbre

Une autre solution, si ça ne vous amuse pas de jouer les constructeurs, serait d'offrir à votre petit-enfant une nuit dans l'un de ces gîtes haut-perchés, accrochés à des troncs parfois centenaires. Ils poussent comme des champignons, dans tous les coins de France. Pas au pied des arbres comme les champignons justement, mais solidement arrimés aux branches les plus élevées. Leur multiplication prouve que les adultes ont gardé leur âme d'enfant et qu'une cabane, à 30, 40 ou 50 ans, conserve intact son pouvoir d'attraction.

À huit mètres de haut, et même à dix-huit pour la plus haute cabane de France, le dépaysement est garanti ; à condition de ne pas souffrir du vertige et que papy ne s'essouffle pas trop vite quand il rejoint la plate-forme. Sur place, l'aventure est au rendez-vous, l'inconfort en moins. Désormais, une chambre dans les arbres se doit de proposer des prestations de base : l'eau chaude et la douche constituent le minimum. Le chauffage et l'isolation mériteront peut-être un supplément.

L'idée d'y emmener votre petit est séduisante, mais pas forcément réaliste. Pour des raisons de sécurité, les jeunes enfants n'y sont pas toujours admis – au moins pour les sites les plus élevés. Avant de promettre quoi que ce soit, renseignez-vous donc sur les conditions d'accès. La déception, sinon, risque d'être... à la hauteur de l'espoir que vous aviez fait naître. La nuit au sommet des arbres, c'est probable, sera pour plus tard. Pour l'instant, trop petit mon ami !

Le conseil de Dadou

Faire la sieste dans la cabane, c'est bien plus amusant que dans la chambre ! Si vos petits-enfants n'y pensent pas eux-mêmes, rien ne vous empêche de prendre l'initiative. Restez évidemment à proximité, mais vous verrez, tout va bien se passer. Le jeune dormeur, à son réveil, sera doublement heureux de retrouver la cabane et de prendre conscience qu'il y a dormi sans avoir peur. Un vrai rite d'initiation ! La prochaine étape, vos petits-enfants pourraient bien vous la réclamer bientôt : ce serait de passer toute une nuit dans la cabane du jardin. Mais ils n'osent pas. Avec les ours, les hyènes et les loups qui se baladent la nuit, on ne sait jamais.

La fierté d'y inviter papy

Quatre questions à Lyliane Nemet-Pier, psychologue clinicienne et psychanalyste, auteur notamment de *Le sommeil du bébé* (éditions Philippe Duval, 2018) et *Aimer ses enfants sans se laisser dévorer* (2015), publiés chez Albin Michel.

– Une cabane, ça se fait tout seul ou bien avec papa ou papy ?

« Elle n'est pas la même, selon qu'on la construit avec ou sans aide. Le charme de la cabane, c'est d'arriver à la construire tout seul, d'arriver à faire son petit nid à soi, sans la participation du papa ou du grand-père. Cela va aider l'enfant à se développer et à se construire lui-même. Dès 4 ou 5 ans, un petit est capable de faire sa cabane tout seul dans un trou de la haie du jardin, ou dans une pièce de la maison : une nappe, un drap ou une couverture dont on recouvre une table et sous lesquels il se cache, font l'affaire. Certains parents s'en offusquent car ils ne reconnaissent plus leur salon, mais les enfants s'en délectent. Leur fierté sera d'inviter l'adulte à visiter leur cabane – si celui-ci parvient à s'y faufiler ! »

– Que révèle-t-elle de l'enfant, cette cabane ?

« La cabane est un petit nid, un coin à lui. Il va y emmener sa peluche. C'est chouette d'être caché au regard de l'adulte :

l'enfant ne voit plus l'adulte, et l'adulte ne le voit plus. L'enfant apprend à être séparé, à ne plus être sous le regard de ses parents ou grands-parents. Cela signe une avancée dans l'élaboration de sa personnalité : le petit n'a pas peur, il ne panique pas, la question de la séparation d'avec ses parents est réglée. Et c'est un début d'émancipation, une capacité à supporter la séparation. »

– Vous établissez un lien avec le sommeil, pourquoi ?

« *Dans mes consultations concernant le sommeil, c'est mon critère essentiel. Un enfant peut bien dormir dans son lit quand déjà, au cours de la journée, il est capable de jouer un peu en dehors du regard des parents. Je vois des petits de 10 mois ou 1 an qui acceptent de jouer seuls dans la chambre ou le salon – leurs parents ne sont pas loin, mais pas tout près non plus. Et j'en vois d'autres qui, à 3 ans, restent accrochés aux basques de la maman ou du papa, dès que ceux-ci quittent la pièce. Tant qu'il a besoin d'être connecté à ses parents en permanence, tant qu'il n'a pas intériorisé une image sécure de ses parents au point de la garder en lui-même quand il ne les voit plus, eh bien il ne peut pas dormir seul non plus, il ne peut pas se sentir bien dans son lit, seul et dans l'obscurité. C'est là que je fais le lien avec la cabane : celle-ci est déjà une belle émancipation, une preuve de sécurité affective et de confiance. L'enfant dit : je peux être caché, être séparé de papa et maman et je n'ai pas peur. C'est moi qui me fais cette cachette.* »

– Finalement, que symbolise la cabane ?

« *J'aime bien cette définition de Martine Druenne-Ferry, dans* L'enfant et sa maison, *un livre collectif paru aux Éditions sociales françaises : "Une cabane, ce n'est pas une maison, un nid ou un coin, un abri ou un refuge; ce n'est pas un palais, un château, une bâtisse ou une miniature; ce n'est pas une forteresse, une coquille, un sanctuaire ou un ermitage; ce n'est pas un rêve. Mais c'est peut-être tout cela, ensemble ou séparément".* »

Partir en vacances avec ses petits-enfants

Quelques chiffres :

- C'est autour de 4 ans, en moyenne, que s'effectue le premier séjour chez les grands-parents ; généralement limité à quelques jours parce que ce sont les premières vacances sans papa et maman.
- Chaque année, 22 % des 5-13 ans passent au moins une partie de leurs vacances chez leurs grands-parents.
- Dans la tranche d'âge au-dessus, les 14-16 ans, ils ne sont plus que 12 %.

D'autres formules :

Petits-enfants et grands-parents peuvent partager leurs vacances, sans que ce soit pour autant au domicile de ces derniers. Les professionnels l'ont bien compris, il suffit de regarder leurs offres. *« Amène tes grands-parents »*, proposent les Villages-Vacances Azureva, tandis que VTF a ses propres séjours dédiés, baptisés « P'tits loups ». Des départements comme le Jura orientent également leur publicité sur ce créneau des grands-parents et des petits-enfants tout comme certains campings sur le littoral.

Un sondage :

OpinionWay a interrogé les Français, début 2015, pour le compte des clubs Belambra. Une partie des questions portait sur les vacances avec les grands-parents. 83 % des personnes interrogées pensent que les grands-parents apprécient ces moments privilégiés. 92 % estiment que c'est une bonne chose, car cela fortifie le lien familial. *« Cette parenthèse, confirme le sociologue Ronan Chastellier, permet de nouer des liens intergénérationnels privilégiés et complices, et offre aux enfants un réel espace de liberté ».*

25 % des Français ayant un enfant pensent cependant que ces vacances représentent une corvée pour les grands-parents. Et vous ?

Une leçon de bicyclette, papy est passé par là aussi

Aujourd'hui, on tente de faire du vélo sans les petites roues. Grand-père est là pour guider, encourager, conseiller et peut-être consoler. Il n'est pas forcément plus patient que papa et maman, mais il dispose généralement de davantage de temps. Et dans tout apprentissage, le temps est un ingrédient nécessaire. Un bon atout pour réussir...

Son premier gadin à vélo, ça ne s'oublie pas ? On y pense toujours quand on assiste à l'apprentissage de ses petits-enfants. On tremble un peu pour eux, on se tient prêt à remettre le ou la cycliste d'aplomb ou à empêcher son engin de verser sur le côté. On court un peu à côté, quitte à s'essouffler ; on essaie de corriger sans dramatiser ; on félicite dès qu'on sent un léger progrès.

Et puis, tout d'un coup, c'est parti. Une après-midi comme les précédentes sauf que, cette fois, le futur champion/la future championne trouve son équilibre. Pourquoi aujourd'hui et pas hier ou bien demain ? Mystère. C'est ce jour-là que cela devait se faire ! S'il n'y a que papy, mamie ou maman pour guider l'enfant et assister au triomphe, on en fera les gros titres au repas du soir, à l'heure du journal familial. On se permettra même de quitter la table pour aller chercher le vélo et refaire une démonstration devant papa, entre la machine à laver la vaisselle et la télé. Pourvu que ça fonctionne à nouveau et qu'on ne casse rien sur le chemin !

Si les qualités pédagogiques de papy ont fait leurs preuves pour le vélo, il peut essayer de jouer aussi les coachs dans d'autres disciplines. La trottinette, d'emblée, est plus facile à maîtriser. On voit beaucoup d'adultes s'y mettre. Pourquoi pas les grands-parents ? Pour le roller et le patin à roulettes, papy sera de bon conseil également pour accompagner les débuts de son petit-fils ou de sa petite-fille. S'il aime le jogging, il pourra même suivre en courant sur une petite distance et amortir les sorties de route. Il sera très utile pour consoler et inviter l'athlète débutant à persévérer. Mais s'essayer personnellement au roller ou à la planche, grand-père n'est pas obligé… Quant au scooter, dans quelques années, papy se contentera d'assister aux premiers tours de roue en spectateur… Éventuellement en cofinanceur !

Le conseil de Dadou

Il est vraisemblable que l'apprentissage du vélo par vos petits-enfants, comme hier par vos enfants, sera émaillé de quelques chutes. Il ne faut ni rire, ni s'apitoyer, c'est banal à dire. Mais il n'est pas inutile de confier les difficultés qu'on a connues au même âge. Même les grands champions ont dû apprendre sans se décourager.

Collections : avec les chasseurs de cailloux…

Les gamins ont une âme de collectionneur, ils amassent sans se préoccuper du lendemain. Des boîtes d'allumettes, des vignettes de footballeurs, des modèles réduits. Le problème se pose quand ils quittent la maison. Quand ils emménagent dans leur chambre d'étudiant ou qu'ils rejoignent un(e) colocataire, ils ne s'embarrassent pas de leurs trésors. Ils les ont accumulés avec passion pendant des années, mais c'était « autrefois ». S'ils ne les ont pas complètement oubliés, ils les regardent aujourd'hui avec un sourire amusé.

Certaines collections sont plus volumineuses que d'autres, plus encombrantes, ou plus lourdes... comme celle que vous venez de retrouver en montant au grenier. Vous êtes tombé dessus par hasard. Il y a là deux ou trois boîtes cylindriques, de celles qui contenaient autrefois du lait pour bébé. Vous vous creusez la tête pour savoir ce qu'elles peuvent bien renfermer. Elles sont pleines de cailloux : des pierres de toutes les formes, de toutes les tailles et de toutes les couleurs ! Vous vous rappelez : quand il était petit, votre fils ne revenait jamais de balade sans au moins un caillou. S'il partait en voyage, il en rapportait toujours un nouveau spécimen. Si vous cherchez bien, certains de ces cailloux datent même de votre propre enfance, voire celle de vos parents, en somme une véritable trouvaille archéologique.

Que faire de ces trésors ? Parfois, les grands-parents y trouvent matière à leçon de choses. Quand les petits-enfants leur rendent visite, ils les ressortent du tiroir. Ensemble, ils les regardent et ça les occupe un bon moment. À force, pourtant, tout le monde va s'en lasser. Essayez de sonder votre fils : ses cailloux, qu'est-ce qu'il envisage d'en faire ? Accepterait-il de les récupérer... pour son grenier à lui ? Votre question sera accueillie avec une moue qui n'a pas besoin de traducteur. Facile de comprendre qu'il n'a pas tellement envie, et son épouse encore moins peut-être, de vous débarrasser de ces vieilleries.

Pour ne pas commettre de sacrilège scientifique, vous pousserez la conscience grand-paternelle jusqu'à interroger un prof de sciences de la vie et de la terre – si l'appellation existe encore. Vous lui mettrez le marché en main : si les pierres ont de la valeur sur le plan géologique, vous êtes prêts à les lui céder pour ses collégiens, *gratis*. Reconnaissons qu'il y a peu de chances qu'il y trouve d'effectifs trésors scientifiques, mais vous aurez meilleure conscience de vous en débarrasser et puis sait-on jamais...

Alors, c'est décidé. Avec les petits-enfants, vous allez imaginer un cérémonial. Ces cailloux, on va leur rendre la liberté, on va les remettre dans la nature. Ils y seront mieux qu'au grenier ! On va bien faire les choses, en douceur, au gré des vacances. Trouvé en Bretagne, ce caillou sera relâché en Languedoc, celui-là qui vient d'Anjou découvrira la mer. Et tant pis pour les géologues de demain : ils auront beau se creuser les méninges, ils n'y comprendront rien en les ramassant à leur tour. Ah, les mystères de la science !

Le conseil de Dadou

Ne découragez pas votre petit-fils s'il se passionne pour les pierres de la plage ou du chemin. Laissez-le en ramasser quelques-unes – en fixant, par avance avec lui, le nombre maximum. Et annoncez-lui la couleur : ces cailloux, on ne les gardera pas pour toujours à la maison. Une pierre, c'est plus joli au soleil...

Parlez-lui également de vos collections ou de celles de ses parents. Leur valeur n'est vraisemblablement que sentimentale, mais ça compte. C'est un peu de l'histoire familiale qui est attachée à ces cailloux. Un peu de notre propre enfance, aussi : ces pauvres silex, comme on leur en a voulu quand on était gamin de ne pas jeter d'étincelles quand on les cognait l'un à l'autre, en s'esquintant les mains !

Des passions qui se transmettent... ou pas

Vous aimeriez bien transmettre une passion à vos petits-enfants. Allez-y, foncez ! Mais que ce ne soit pas une contrainte supplémentaire pour eux. Ça doit rester un plaisir partagé...

Vous voudriez leur laisser quelque chose, vous ne savez pas quoi précisément. Une assurance-vie, la chevalière qui passe d'un aîné à l'autre dans la famille, un bureau en bois massif, un vieux livre relié pleine peau... L'héritage qu'ils trouveront à votre départ, vous avez bien le temps d'y penser ! Et si vous profitiez plutôt de votre santé actuelle pour leur donner un peu de vous. Pas forcément des espèces sonnantes et trébuchantes. Pas même un objet. Quoi d'autre alors ? Regardez du côté de ce qui contribue à votre personnalité et à votre bonheur : un don, un talent, une passion.

– *« Merci bien ! J'ai tenté l'expérience avec mes propres enfants. Ils s'en moquaient complètement de mes passe-temps favoris. C'était mon affaire, pas la leur ! »*

Dans votre entourage, le rabat-joie de service insiste !

– *« Déjà qu'ils nous prennent pour de vieux croûtons, ça ne marchera jamais votre truc. Deux générations nous séparent de nos petits-enfants : le fossé est trop grand ! Faites comme moi : vous aurez davantage de plaisir et de satisfaction à fréquenter des gens de votre âge et qui ont les mêmes goûts. Restez dans votre club ou votre université du temps libre, ne cherchez pas à faire des émules ailleurs... »*

Un troisième larron enfoncera le clou. Chez lui également, « l'opération transmission » s'est avérée un échec.

– *« Je voulais lui enseigner la peinture à l'huile. Tu parles ! Il venait à reculons... Je n'ai rien tiré de lui et, en plus, il a massacré mes pinceaux ! »*

Savoir se mettre à sa portée...

Trois déceptions ne font pas raison. Essayez quand même! En commençant par vous poser les bonnes questions. La première : dans ce qui me tient à cœur, qu'est-ce qui pourrait mériter d'être transmis à mon petit-fils/ma petite-fille? Et la deuxième : comment vais-je pouvoir, moi, l'y intéresser?

L'éventail est sans limite. Vous aimez la pêche ou la chasse. Vous adorez bricoler et entretenir l'appartement. Vous, c'est le potager qui vous accapare, ou bien les massifs du jardin, et vous suivez sur Internet tous les forums possibles et imaginables pour savoir quand et comment tailler, semer, planter... Vous, ce serait plutôt la marche, et vous les musées ou les bibliothèques. C'est bien le diable si rien de tout cela ne retient l'attention d'un gamin de 10 ans!

Et votre collection de timbres, dont vous êtes si fier de présenter les planches rares aux meilleurs de vos amis, vous y avez pensé? Elle vous occupe depuis trente, quarante ans, davantage si ça se trouve. L'idée d'y associer votre petit-enfant vous a bien effleuré, mais vous vous êtes fait peur tout seul : *« C'est tellement fragile, il ne va pas savoir les manipuler. Ils ont de la valeur quand même! »*

Votre réaction, tout collectionneur la comprendrait. Mais vous, quel âge aviez-vous quand vous vous êtes lancé? Et n'avez-vous pas bénéficié des conseils et des encouragements d'un aîné, un passionné qui a su se mettre à votre portée avec patience, bienveillance et pédagogie? Si quelqu'un, généreusement, ne vous avait pas mis le pied à l'étrier, vous ne seriez pas là à contempler vos albums.

Le mettre en selle, après c'est à lui de choisir!

Les timbres vous agacent, votre hobby c'est le vélo – le cyclotourisme plus précisément. Vous adorez avaler des kilomètres, mais pas n'importe où, de préférence dans des lieux somptueux que vous repérez sur la carte. Question itinéraires, vous échangez les bons plans avec vos potes. Un matin, proposez à votre petit-fils / votre petite-fille de vous accompagner. Vous aurez soigneusement étudié la sortie, en l'adaptant à ses capacités et à son âge. Même vos camarades chevronnés seront heureux de voir un tout jeune s'associer à leur petite troupe du dimanche. Plus tard, l'ado préférera rouler en compagnie de ses copains. Normal. En attendant, mettez-le en selle !

Il n'y a pas une manière de passer le flambeau, il y en a des tas. Choisissez selon vos goûts personnels et le caractère de vos petits-enfants. Et surtout, n'en faites pas pour eux une contrainte supplémentaire, ou pire une punition. L'activité partagée doit se vivre dans la confiance réciproque et dans l'affection. Et si cela ne fonctionne pas, n'en faites pas un drame non plus. Ne vous fâchez ni avec le gamin, ni avec ses parents. Vous aurez essayé, c'est ce qu'il fallait faire. Reportez-vous en arrière. Il vous est arrivé, à vous aussi, d'être récalcitrant et de négliger les conseils ou les suggestions de votre propre grand-père. Ça ne veut pas dire que vous ne l'aimiez pas...

Témoignages

Étienne et Alix, sa petite-fille, à la découverte des ancêtres

Étienne, 69 ans, sept fois grand-père s'intéresse à la généalogie familiale.

« Alix, l'aînée de nos sept petits-enfants, est née en mai 2003. Au Noël de sa huitième année, je lui ai offert un album photo internet que j'ai intitulé Généalix, *illustré de quinze photos de ses ancêtres, depuis les vieux clichés bistres du XIXe siècle jusqu'à ses parents. Cette passionnée de lecture a passé sa quinzaine de vacances à apprendre l'ouvrage par cœur.*

Quand nos enfants mettent au monde leurs propres enfants, nous prenons conscience que s'ouvre un nouveau chapitre dans l'album des générations. À eux de jouer. Et à nous, grands-parents, de témoigner de nos valeurs, de nos passions. De transmettre. D'établir un pont avec ce que nous représentons maintenant, le passé de la famille. De donner à l'enfant le sentiment qu'il est un maillon et qu'un jour, lui-aussi, il passera la main. On ne vient pas de rien. On ne va pas nulle part.

Alix aura tout le loisir de forger sa personnalité propre. Mais, comme ses six sœurs et cousins, elle n'échappera pas à ses origines ».

Louis : « Maintenant, ma petite-fille a son appareil photo »

La passion de la photo, Louis l'a depuis ses 20 ans. Aujourd'hui septuagénaire, il a transmis le virus à sa petite-fille, 9 ans.

« Emma avait seulement 4 ans quand j'ai commencé à l'initier à la photo. Cela a commencé par des balades. J'ai vu rapidement qu'elle s'intéressait à ce que nous découvrions ensemble. Ce sont des moments privilégiés, souvent sans ses parents. Au début, c'était mon appareil photo. Maintenant, elle a le sien.

Nous avons les mêmes sujets de prédilection. Est-ce du mimétisme, je ne sais pas ? Elle aime photographier les fleurs, les petits animaux, les jardins d'agrément ou de composition, mais elle commence aussi à s'intéresser aux personnes qui l'entourent. Elle "cadre" et cherche un angle original. Elle a le sens de l'observation et un sens (inné ?) du cadrage.

Chaque année, je lui fais un album photo rétrospectif des douze mois écoulés. Elle y va de son commentaire et de ses explications. Et de ses questions : pourquoi comme ci, ou pour-

quoi comme ça ? Elle cherche toujours la meilleure photo... Et comme elle aime beaucoup communiquer avec le portable de sa maman, elle nous envoie facilement ses photos... »

De l'album photo à la clé USB, les bons souvenirs...

Avec les petits, l'album photo fait toujours recette. Maintenant, on y ajoute la clé USB. C'est moins fragile et les gamins, quand ils s'en servent, sont aussi à l'aise que des poissons dans l'eau.

Il arrive qu'ils le connaissent par cœur, presque mieux que vous. À force de tourner les pages de l'album, vos petits-enfants sont de plain-pied avec les souvenirs familiaux. Cela ressemble à un pèlerinage. On a tous connu ça quand on était encore écolier et qu'on découvrait les photos en noir et blanc de nos parents et de nos grands-parents. On dévorait chaque cliché, on l'analysait, on le scannait intérieurement. Et bien sûr, on l'enregistrait. Comme nous hier, les enfants de nos enfants continuent de jouer aujourd'hui au jeu des ressemblances. Parfois, ils croient se reconnaître : mais non, c'est papa ou bien papy au même âge. La confusion les amuse, elle les intrigue surtout.

On cherche une date ou un nom, au revers de la photo

C'est l'occasion d'enrichir l'échange de ces anecdotes dont ils raffolent. Imaginer papa ou maman en train de faire des bêtises ou de désobéir, il n'y a rien de plus rigolo. Parfois, papy sort d'autres photographies encore, mais d'un carton poussiéreux. Elles sont entassées en vrac, sans rime ni raison. Grand-père laisse ses petits-enfants piocher au hasard, comme à la tombola. Parfois, c'est une montagne ou un bord de mer, une vache dans un pré, ou un groupe inconnu. Papy regarde l'envers avec l'espoir d'y trouver mention d'une date, d'un lieu, d'un nom. Le cliché ne lui dit rien, ni le décor. Qui pourrait le renseigner ?

Au passage, nos petits-enfants vont faire connaissance avec des parents éloignés que papy lui-même a peut-être perdus de vue. Ils découvrent aussi une autre époque, qui leur paraît tellement lointaine. Ils s'étonnent de la voiture familiale, il y a trente ou quarante ans, avec sa drôle de silhouette. Ils ont peine à reconnaître la façade d'une maison, celle que papy n'a jamais cessé d'habiter et dans laquelle, justement, ils sont confortablement installés pour feuilleter l'album photo. Ils ne se repèrent pas davantage en voyant la photo du jardin de grand-père, un paysage pourtant familier – les arbres eux aussi ont grandi.

On rigole en découvrant le slip de bain de papa

La séquence associe découverte et nostalgie. Au détour d'une image, c'est le rire et la moquerie qui l'emportent, ou encore l'incrédulité :

– *« Tu as vu la coiffure de papa ! Et ses lunettes ! Il voulait se déguiser ? »*

Tout est prétexte à sourire : la forme du pantalon, le pull-over tricoté, le slip de bain... Dans une ou deux générations, la même ironie sera de mise quand les gamins se pencheront sur les photos prises aujourd'hui. Les tirages sur papier auront peut-être disparu. Après tout, la clé USB recèle tout autant de trésors et papy l'utilise déjà. Elle a des avantages : finie la crainte de voir vos petits-enfants déchirer, corner ou froisser de vieilles photos auxquelles vous tenez et dont vous n'avez plus le négatif. Oubliée l'appréhension de voir un beau cliché ruiné par une grosse tache de confiture – et par l'empreinte digitale qui s'y sera imprimée – un indice à faire pâlir d'envie les enquêteurs de nos séries policières américaines préférées. Avec l'ordinateur ou la tablette, ces soucis appartiennent au passé.

Il est né avec le numérique

Pour montrer à un enfant comment ça marche, épargnez-vous les longs discours. Il en sait probablement déjà autant ou davantage que vous. Le numérique, il est né avec. Dès son berceau, dix téléphones mobiles n'ont cessé de le mitrailler. Mieux que la montée des marches au festival de Cannes ! Plus tard, il a vite compris le maniement. Prendre la photo, zoomer, revenir en arrière, tout cela est un jeu d'enfant. *Idem*, forcément, quand il s'agit de visionner les fichiers de papy. Le petit va instinctivement à la bonne icône, sans se poser de questions. Sur l'écran tactile, il passe d'une image à l'autre comme s'il l'avait toujours fait – ce qui est justement le cas.

Puisqu'ils partagent cela avec vous, l'amour des photos, proposez donc à vos petits-enfants de fabriquer avec vous un album numérique. Chut, ce sera une surprise pour mamie ou bien pour papa et maman. On choisit ensemble les photos, on sélectionne la mise en page, on opte pour le fond et la police de caractère, on fait glisser les clichés, on les recadre. On hésite aussi, et on supprime, sans état d'âme. Un vrai bonheur pour journées pluvieuses. Et puis quelle joie quand le colis arrive avec l'album relié sur papier brillant. Quelle fierté de dire à papa et maman qu'on y a beaucoup contribué !

Pour fêter ça, votre petit-fils veut un *selfie*. Il ne vous le suggère pas. Il va s'en charger. Bien sûr qu'il sait comment on fait, non mais vous le prenez pour qui ? Il a 8 ou 10 ans et il a déjà ses exigences de pro :

– *« Oh non, papy, tu faisais une grimace. Allez, on recommence ! »*

Acte 5

Entre confidences et cadeaux

L'affection qu'ils ont pour vous, vos petits-enfants la traduisent en paroles et en actes. C'est qu'ils commencent à se confier à vous – ils savent que vous saurez tenir le secret. Au fur et à mesure qu'ils grandissent, ils sont capables d'avoir de vraies conversations avec vous, et c'est super !

Cours de récré : papy suit les tendances de près

Dans les cours de récré comme dans les centres de loisirs, les modes changent sans cesse. Il y a eu les bracelets élastiques, les Pokémons, les toupies... Maintenant, grand-père débutant doit s'intéresser aux petites figurines anti-stress.

Quand elles déferlent sur les cours de récréation, les modes emportent tout sur leur passage, y compris les a-priori de papy. Quand nous étions gamins, c'étaient les scoubidous et les images de footballeurs ou de coureurs cyclistes. On ne parlait que de ça, on les échangeait. Chaque Coupe du monde de foot voit d'ailleurs les échanges de cartes reprendre entre écoliers.

Plus récemment sont apparues les figurines en mousse, les squish-dee-lish : des personnages ou des animaux de toutes les couleurs qui sont à malaxer. On les triture, on les collectionne, on en fait du troc. Et certains se vendent carrément à la douzaine !

Le succès du Raimbow Loom aura constitué un phénomène encore plus incroyable. Rainbow, comme arc-en-ciel, parce que les élastiques sont de toutes les couleurs. Loom, comme métier à tisser parce que la technique utilisée a quelque chose du tissage. Comme pour les scoubidous et le tricotin de la génération précédente, tout le monde s'y est mis, les filles – surtout – et les garçons aussi.

Pour toutes les saisons...

Le succès a surfé sur la vague de la fête des mères. Le premier printemps, beaucoup de mamans y ont eu droit. Le principe de l'élastique entrecroisé permet de fabriquer des bracelets, des bagues, des pendentifs, des porte-clés et tout plein de trucs encore. Aujourd'hui, la mode a un peu perdu de son allant, mais les modèles continuent de pulluler, il suffit de consulter Internet : avec un peu de savoir-faire et beaucoup de patience, les élastiques se transforment en fleurs, en cœurs, en animaux – toutes les bestioles de l'arche de Noé y compris le serpent et le panda ! Tout l'été, les petits métiers à tisser ont fonctionné à plein régime.

La vogue des élastiques a rebondi à Noël. On a alors vu des sapins en élastiques, des pères Noël en élastiques et des rennes en élastiques : de quoi faire des cadeaux en pagaille... Alors, comme beaucoup de grands-parents, et si vos petits-enfants en ont l'âge, vous avez dû avoir droit aux vôtres.

Votre patron s'y met aussi

Au début, certains ont hésité à s'afficher avec leur *rainbow loom*. Ils ont eu tort, ceux qui n'ont pas osé ! D'abord parce qu'il y a de quoi vexer les petits-enfants qui se sont donné du mal. Et puis parce que tout le monde a joué le jeu : le première collègue rencontré au boulot, à la rentrée, avait lui aussi son bracelet au poignet. Votre chef de service a été rattrapé par l'épidémie, et même votre patron ! Quand on veut rester proche de ses petits-enfants, il faut assumer... Évidemment, la bague rose peut sembler un peu voyante pour revenir au travail, ou pour aller partager l'apéritif avec des copains retraités. Mais les plus futés ont trouvé la solution : passée autour du levier de vitesse, elle donne une note de gaieté à la voiture...

Une série télé, parmi les meilleures audiences du soir, s'est amusée du phénomène. On y voit une petite-fille interroger sa mamie.

– « *Tu le veux de quelle couleur, ton bracelet ?* »

– « *Incolore s'il te plaît* », lance la grand-mère, exaspérée à l'idée de devoir porter un bijou de pacotille aussi criard.

Évidemment, il y a du business là-dedans, mais il faut regarder le bon côté des choses. Vos petits-enfants, en vous offrant ces cadeaux, vous prouvent combien ils pensent à vous. Vous figurez toujours parmi les premiers de la liste! Et puis ce sont des cadeaux faits main, et ils ont encore davantage de valeur, sinon de prix – sur le plan affectif, entendons-nous.

En attendant, toutes ces modes dans les cours de récré ont de quoi énerver les adultes. Mais il faut savoir prendre un peu de recul. Ces fameuses figurines en mousse, par exemple, ça ne vous dit rien ? Elles sont la réplique des balles anti-stress qu'on garde dans la poche, au travail. Votre patron n'est pas le dernier...

La recette du gâteau de papy

Préparer un dessert avec papy, ce n'est pas la même chose qu'avec maman ou mamie. L'expérience mérite d'être tentée, en prenant toutefois un certain nombre de précautions.

Si on vous traite de « papy gâteau », vous ne saurez pas s'il s'agit vraiment d'un compliment. N'est-ce pas une façon de décrire un grand-père jugé trop coulant, manifestement sans autorité – ce qui n'est pas votre cas? Mais peut-être faut-il tout simplement prendre l'expression au pied de la lettre : un « papy gâteau », il fallait y penser, c'est un papy pâtissier.

Le plus souvent, ce sont les femmes – mamie ou maman – qui remportent le titre de championnes quand il est question de compétition culinaire. Pourtant, il y a un signe qui ne trompe pas et qui montre que les choses sont en train de changer : le succès des émissions de cuisine à la télé. Les garçons sont nombreux à les regarder et, mieux encore, à s'y présenter. Alors, s'il y a des talents de futurs chefs chez les jeunes, pourquoi n'y en aurait-il pas chez les seniors? Qui sait, d'ailleurs, si un producteur n'aura pas l'idée de décliner le concept en lançant une nouvelle émission de téléréalité, spéciale « papy en cuisine » ?

Trouver le moment opportun

En attendant d'être sélectionné, puis nominé, puis sacré chef papy de l'année à la télévision, rien ne vous empêche de commencer la saison chez vous, hors caméra, et de vous entraîner avec vos petits-enfants. De préférence un jour où les femmes de la maison seront absentes.

Choisir la recette est le plus facile. Il faudra vous y prendre à l'avance de manière à disposer de tous les ingrédients nécessaires. Associez les enfants à ce choix : vous éviterez ainsi de vous retrouver, après deux ou trois heures de boulot, avec un dessert sur les bras dont ils ne voudraient pas une bouchée. Mamie ne manquerait pas de se moquer de vous à son retour. Généralement, le chocolat fait l'unanimité, sauf en cas d'allergie connue. Faites-en la proposition à vos aides-cuisiniers. Le gâteau au yaourt reste bien placé également au palmarès des spécialités familiales. Les amandes, la crème chantilly et le parfum aux fraises Tagada plaisent aussi; un peu moins les tartes traditionnelles chez les plus petits.

Si vos petits-enfants ne savent pas encore lire, déchiffrez la recette à haute voix. Vous pouvez même la recopier ou plutôt la traduire en dessins sur une grande feuille à afficher à côté du plan de travail, façon poster. Les petits vous aideront à suivre les différentes étapes de la recette, sans en oublier aucune. N'hésitez pas à confier les illustrations à vos futurs commis. Vous ferez ainsi d'une pierre deux coups : l'atelier cuisine sera en même temps atelier d'art plastique!

Quelques précautions bien utiles

Réservez-leur quelques actes concrets et à leur portée, qu'ils ne soient pas réduits au rôle de simples spectateurs pendus à vos basques. Casser les œufs, cela va les attirer, mais le geste exclut d'être trop brusque – à 4, 5 ou 6 ans, on peut avoir un peu de gaucherie! Dans tous les cas, prévoyez de vérifier qu'il ne reste pas un bout de coquille dans le récipient. Malaxer la pâte, ils vont aimer aussi – tout ce qui ressemble à de la patouille, ils en raffolent. Ils adoreront également beurrer le fond et les bords du plat, et naturellement lécher les cuillères.

Ah oui, deux précautions encore avant de démarrer :

- ***Un tablier est indispensable.*** Un grand torchon noué à la ceinture ou mieux encore autour du cou fera l'affaire. Si maman retrouve son garçon ou sa fille avec de grandes taches sur le sweat propre du matin, cela risque de lui gâcher le plaisir de la dégustation.
- ***Par prudence, contrôlez aussi les dates de péremption sur les produits*** que vous avez en stock à la maison. Rien de plus frustrant que de s'apercevoir, une fois le gâteau sorti du four, démoulé et décoré, que la farine ou le colorant alimentaire qui le nappe, étaient périmés depuis deux ans. Chez un papy un peu distrait, la date peut s'avérer dépassée de quatre ans. L'âge de l'apprenti marmiton...

Recette : le gâteau au chocolat déclinable à l'infini

Voici ici une recette de ce gâteau, en deux versions : des muffins avec un cœur de chocolat blanc... et une araignée à dévorer pour Halloween !

Ingrédients : 6 œufs, 150 g de sucre, 100 g de beurre, 50 g de farine, 200 g de chocolat noir.

Pour la version muffins : une tablette de chocolat blanc.

Pour la version « araignée » : un rouleau de réglisse, des Smarties

Préparation :

- Préchauffez le four à 180 °C (th. 6).

- Battez les blancs d'œufs en neige bien ferme.
- Faites fondre le chocolat au bain marie avec le beurre.
- Mélangez les jaunes d'œufs avec le sucre puis ajoutez la farine. Quand le mélange est bien souple, ajoutez le chocolat et le beurre. Incorporez ensuite en douceur les blancs montés en neige pour ne pas les casser.

Pour obtenir des gâteaux individuels, versez le mélange obtenu dans des moules à muffins. Glissez un carré de chocolat blanc à l'intérieur avant la cuisson. Faites cuire 15 minutes au four.

Au moment d'Halloween, vous pouvez utiliser la même pâte pour préparer un gâteau qui ressemblera à une araignée. Utilisez un moule rond assez petit. Faites cuire pendant 25 minutes. Le gâteau, une fois cuit, représentera le corps de l'araignée. Pour faire les pattes, déroulez un rouleau de réglisse en le dédoublant. Laissez les pattes déborder largement de l'araignée. Deux Smarties serviront à représenter les yeux.

Recette : Papy se la joue à l'italienne

Vous cherchez une recette à réaliser avec vos petits-enfants ? En voici une, spécialement proposée à Grand-père débutant par la cheffe italienne Mia Mangolini, qui tient une épicerie-traiteur Al Forno à Paris. Elle est aussi l'auteur d'une *Encyclopédie de la gastronomie italienne* (Flammarion, 2013).

« Les enfants adorent la panna cotta. Moi-même, j'adorais toute petite aller la manger dans un restaurant des mon-

tagnes piémontaises avec mes grands-parents ! La recette est très simple, elle peut se marier avec tous les coulis possibles : caramel, chocolat, fruits, etc. »

Ingrédients pour 8 portions : 400 g de crème liquide, 200 ml de lait, 150 g de sucre glace, 3 feuilles de gélatine, 1 cuillerée de rhum (facultatif), coulis de fruits (kiwi, fruits rouges, mangue…), caramel ou sauce au chocolat.

Préparation :

- Chauffez à feu doux dans une casserole la crème avec le lait et le sucre, sans faire bouillir. Ajoutez la gélatine que l'on aura réhydratée dans un peu d'eau froide.
- Mélangez et remettez un instant sur feu doux.
- Passez à la passoire et ajoutez le rhum, mélangez et laissez refroidir en remuant de temps en temps.
- Une fois la préparation refroidie, versez dans le moule et laissez au frigo 5/6 heures minimum.

Préparation du coulis de fruits :

Mixez, avec un mixeur plongeur, les fruits, lavés et nettoyés, avec du sucre glace et quelques gouttes de citron. Passez au tamis si nécessaire (pour enlever les grains des framboises par exemple).

Réalisez la finition et dressez.

Desserts ou pas, un peu de magie et de surprise

Il n'y a pas que les desserts dans la vie. Ce jour-là, papy mettra dans la confidence quelques cuisiniers magiciens qui vont l'aider à épater, le temps d'un plat, d'autres cousins, frères et sœurs qui ne sont pas dans le secret.

- **Le collier de saucisses.** Coupez une saucisse de Strasbourg en morceaux d'environ 1 cm de long. Enfilez ces derniers, encore crus, sur trois ou quatre spaghettis non cuits, à la manière d'une brochette. Mettez le tout à cuire dans de l'eau bouillante, 8 à 10 minutes selon les pâtes achetées. Ce collier de saucisses, à déguster aussitôt, en intriguera plus d'un ! Si vous optez pour des spaghettis noirs, la couleur claire de la saucisse ressortira d'autant mieux.
- **Des surprises jusqu'au dessert.** En cuisine, préparez des bananes que vous servirez comme si vous veniez de les acheter. Mais, au moment de les éplucher, surprise : elles seront déjà tranchées, et pourtant leur peau ne porte aucune trace apparente. En coulisse : avec une aiguille stérilisée, papy et ses apprentis cuisiniers auront percé un petit trou dans la peau. Depuis cette minuscule ouverture, ils auront ensuite déplacé l'aiguille dans toute l'épaisseur afin de trancher la chair de la banane sans abîmer la peau. Répétez l'opération à plusieurs endroits.

Les classiques faciles et qui font l'unanimité

Les gamins adorent tout ce qui évoque ou représente des animaux; y compris quand ces petites bêtes inspirent tel ou tel plat. Essayez avec vos petits-enfants !

- **Les escargots.** Déroulez une pâte feuilletée, couvrez-la de tranches de jambon blanc, et recouvrez le tout de fromage râpé. Roulez serré et découpez en rondelles ce long rouleau (il est plus facile à découper après quelques minutes au congélateur). Disposez les rondelles au four pendant 20 à 25 minutes à 180 °C. Et vous sortirez... des escargots tout chauds, comme dans la chanson ! Un conseil pour les petits gourmets : avant la cuisson, enduisez de jaune d'œuf chaque rondelle sur la tranche, puis roulez-les dans des graines de sésame. Deux missions que les petits-enfants seront ravis d'assurer.

- **Les grenouilles ou souris :** œuf dur pour constituer le corps, une rondelle de tomate pour la langue, des olives ou des clous de girofle pour les yeux...

- **Les hérissons :** prenez des demi-poires pochées ou au sirop. Plantez-y des bouts de Mikado au chocolat, et le tour est joué !

Pour faire comme dans *MasterChef*

Ce serait étonnant que vos petits-enfants n'aient pas suivi au moins une fois l'une ou l'autre des émissions consacrées à la cuisine, à la télé. Proposez-leur de faire un concours entre eux. Ils auront à cuisiner et à customiser : le jeu connaîtra un grand succès familial, entre atelier cuisine et atelier d'art !

- Préparez un cupcake avec une base de gâteau au yaourt (1 pot de yaourt, 2 pots de sucre, 3 de farine, ½ pot d'huile de tournesol, 1 sachet de levure, 3 œufs). Pour décorer : pâte d'amande dans laquelle les enfants découperont des motifs de leur choix, glaçage (citron, sucre glace), sucrettes en forme d'étoiles, cœurs multicolores, smarties, ou pépites de chocolat... Le must du must : distribuez ces petits cupcakes à l'entracte d'un spectacle fait maison !

Manger sain en s'amusant

Cinq fruits et légumes par jour, oui, c'est facile à dire, mais quand on a les petits-enfants en garde, on se rend compte du casse-tête que ça représente : les crudités, ce n'est pas forcément l'entrée préférée des enfants. Voilà une idée pour essayer tout de même : quand la couleur et l'autonomie donnent du goût à toutes les crudités...

- Prévoyez plusieurs tortillas (galettes de maïs mexicaines). Réchauffez-les 5 minutes au dernier moment.
- Préparez par ailleurs plusieurs petits bols de crudités et de condiments aux couleurs variées : betteraves en brunoise, carottes râpées, avocat écrasé avec un jus de citron, tomates en brunoise ou mirepoix.
- Disposez également des petits bols contenant poulet en petits morceaux ou bien jambon mixé, fromage râpé. Et pensez aussi à la mayonnaise maison.
- Ensuite, chaque enfant remplit sa tortilla et la plie façon cornet. Repas sain assuré sans caprice ! Les parents vous réclameront la recette...

Quand je serai grand, moi j'aurai deux métiers...

Les petits-enfants aiment bien se projeter dans l'avenir. Ils s'imaginent footballeur ou infirmière, maîtresse ou pompier. Et cela fournit d'innombrables sujets de conversation quand on est seul avec eux.

Quand je serai grand... Le refrain revient dans la conversation de nos petits-enfants. Quand ils seront grands, ils auront une voiture de course ou bien une maison grande comme ça, ils partiront en voyage au bout du monde ou bien ils auront un chien savant. Ils se marieront avec Louis ou Jason, Camille ou Manon. Ils auront beaucoup d'enfants, ou pas du tout *« parce que le bébé, il pleure tout le temps »*. Ils aiment se projeter dans l'avenir, ils n'en ont pas peur – pas encore, heureusement. Et ils parlent volontiers du métier qu'ils feront plus tard.

Quand elle sera grande, l'une de nos petites-filles sera maîtresse. Une autre veut être costumière, mais aussi vétérinaire. Son petit frère se voit policier et footballeur. Souvent, c'est vrai, ils hésitent entre deux professions. Alors, le plus simple quand on a 5 ou 7 ans, c'est de choisir les deux !

Je repense à leurs rêves au hasard d'une balade estivale. À l'entrée d'une ferme, un panonceau indique que la maison vend des œufs et qu'on y répare également « tous les engins » et même les motos. Je ne me suis pas arrêté et j'ignore donc ce qui peut relier ces deux spécialités, la mécanique d'un côté, l'élevage d'un poulailler de l'autre. Est-ce la même personne, au sein de la famille, qui soigne les poules, ramasse les œufs et remet en route les moteurs fatigués ?

Il me semble qu'autrefois ce mélange des genres nous aurait moins étonnés. L'Auvergnat qui tenait le bistrot était aussi marchand de charbon. Et, dans certains pays, les professeurs peuvent enseigner à la fois l'économie et la musique, l'histoire et l'éducation physique.

Aujourd'hui encore, l'actualité nous présente des hommes et des femmes qui réussissent à associer dans leur existence, au quotidien, deux talents ou deux savoir-faire : tel pianiste est également médecin; tel peintre mène en parallèle une carrière d'ingénieur; tel enseignant se passionne à ce point pour les chevaux qu'il gagne aussi sa vie comme chroniqueur hippique; et tel lieutenant de police, une partie de l'année, donne dans la chanson. Tous, nous aurions de semblables exemples à citer. Alors nos petits-enfants, avec leurs rêves, ne sont peut-être pas aussi naïfs qu'on le croit !

Le conseil de Dadou

Si votre petit-fils ou votre petite-fille se projette dans deux métiers à la fois, pourquoi le ou la décevoir ? Aujourd'hui, la formule n'est pas très répandue, mais quand ils seront l'un et l'autre en âge d'aborder la vie professionnelle, qui sait si les choses n'auront pas changé ? Il y a quinze ou vingt ans, on nous prédisait que les carrières seraient de moins en moins linéaires, qu'on passerait d'une entreprise et même d'une profession à l'autre. C'était assez bien vu !

Le séjour que vous partagerez avec vos petits-enfants au moment des vacances peut d'ailleurs donner l'occasion d'une ou plusieurs visites pour découvrir des métiers. Mettez à profit votre carnet d'adresses !

Pour la fête des mamans, grand-père est dans la confidence...

À la veille de la fête des mères, vous risquez d'être sollicité par vos petits-enfants. Ils vous en parleront rien que pour le plaisir de vous mettre dans la confidence, ou bien pour vous demander un conseil ou un coup de main...

Confiance et confidence, c'est de la même famille. Il suffit d'approcher de la fête des mères, chaque année, pour en avoir à nouveau la preuve. C'est trop mignon, comme dit votre petite-fille !

L'air entendu, le petit Louis pose le doigt en travers de ses lèvres. Chut ! Et il nous glisse à l'oreille, à nous ses grands-parents, le formidable secret qui tient en un mot : *« a-rro-soir »*. Ce sera son cadeau pour la fête des mamans, dans quelques semaines. On imagine que l'institutrice a fait la razzia au rayon de la jardinerie la plus proche avant de diriger des séances de décoration personnalisée. Mais chut !

Côté confidentialité, le message est reçu cinq sur cinq! Nous saurons tenir notre langue. Il manquerait quelque chose à la fête des mères, si elle n'était pas entourée d'un certain mystère. Louis peut compter sur son grand-père. Mais lui, est-ce qu'il saura tenir sa langue? Ne va-t-il pas de se trahir avant l'heure? On devine qu'il doute un peu de lui-même. À 3 ou 4 ans, un secret, c'est tellement difficile à garder jusqu'au bout!

« Tu le diras pas, hein! »

Il faut voir le sourire en coin qu'ils arborent quand ils en parlent de la fête des mères, nos petits-enfants. À la maman ou au papa de maman, on peut tout raconter : l'arrosoir, la peinture, la colle, le papier. *« Mais tu ne le diras pas, hein! »* Belle preuve de confiance, non? C'est vrai qu'avec un papy et une mamie, on ne risque rien...

Ce fameux arrosoir, on a hâte de le découvrir. Il renouvelle un peu le genre. Grand-père avait parfois l'impression que les cadeaux fabriqués en classe n'avaient pas beaucoup changé, il se trompait. Il n'empêche : les dessins et les collages, les petits bijoux, les galets décorés à la main ou les plantations dans un pot de yaourt et qui sortent de terre le dimanche voulu, continuent de figurer au top 10 des « surprises pour maman », comme à notre époque.

Ce qui n'a pas changé non plus, c'est l'implication de l'enseignant de maternelle, et puis de « la dame de l'école » – c'est tout de même plus joli que l'appellation officielle d'« agent territorial spécialisé des écoles maternelles » ou que son acronyme, Atsem.

Parce que la fête des mères, même avec les meilleures excuses du monde, on ne conçoit pas de la célébrer avec une semaine de retard. La fête des papas, c'est un peu différent; il arrive qu'elle passe à l'as. Mais avouez qu'un coup de téléphone de la part des enfants et petits-enfants, le jour dit, ça vous fait chaud au cœur.

Quoi qu'il en soit, à l'école, sur le calendrier de la maîtresse, la date de la fête des mères est donc entourée au fluo. L'oublier serait sacrilège !

Le conseil de Dadou

Quand la fête des mères approche, tenez-vous prêts. Vos petits-enfants auront peut-être besoin de vous. Pour finaliser un bricolage, recopier une jolie phrase ou faire un beau paquet. Mais ne leur forcez pas la main, laissez-les venir à vous. S'ils ne vous mettent pas dans la confidence cette fois-ci, ce sera pour l'année prochaine. Ce jour-là, ayez des ciseaux et du papier cadeau sous la main. Mais pensez aussi à rassembler vos souvenirs : les enfants adorent qu'on leur raconte l'époque où leurs parents avaient leur âge ! Ils seront curieux de savoir ce que leur papa ou leur maman vous offrait quand ils étaient petits; et ce que vous-même, quand vous étiez écolier, faisiez comme bricolage pour la fête des mères.

La retraite, ça veut dire quoi ?

Quand on a 7 ou 10 ans, la retraite paraît quelque chose d'étranger et de lointain. Peut-être même quelque chose d'un peu inquiétant. Une bonne occasion d'en parler avec ses petits-enfants.

« Est-ce que les vieux, ils aiment ça, être à la retraite ? »

Le style a le mérite d'être direct et spontané. Les petits-enfants ne s'embarrassent pas de faux-semblants : quand ils ont quelque chose à demander, ils y vont franco; leurs interrogations, comme on dit maintenant, c'est comme les interviews à la radio ou à la télé, c'est « cash ». Au début, cette manière de faire et ce ton abrupt bousculent un peu, mais on se dit finalement que l'exercice est bénéfique. D'être interpellé sans détour et sans sommations permet de réfléchir à des questions qu'on aborde souvent sous un angle différent. Et le cas échéant de rectifier ou de rassurer.

Avant de répondre à l'enfant qui interpelle sur la retraite, grand-père prendra le temps de préciser le vocabulaire. *« Les vieux »*, oublie ça. L'expression ne se dit plus. Parler de *« personnes âgées »*, c'est plus respectueux. Dans les statistiques, on évoque les *« seniors »*. Dans certaines associations, on dit *« les aînés »*, et en sport, on est *« les vétérans »*.

« À toi de choisir », pourrez-vous ajouter à l'intention du garçon (Lire aussi L'Abécédaire, V… comme vieux, p. 210). Ensuite, le plus compliqué reste à faire : lui répondre.

Inutile de lui communiquer votre stress

Si vous n'êtes pas encore à la retraite, celle-ci apparaît sans doute à votre horizon de jeune grand-père. Certains ont commencé le compte à rebours, dégoûtés par le rythme et les contraintes du travail; certains s'y préparent assez méthodiquement, mais sans hâte particulière; d'autres font l'autruche, sans y penser; et d'autres enfin se désespèrent à l'idée de quitter la vie professionnelle. S'il vous interroge, inutile de faire partager votre stress éventuel à votre petit-fils. À son âge, il mérite d'être préservé et il a suffisamment d'autres occasions de se faire du souci.

En revanche, puisqu'il pose la question, ce serait éducatif – et même citoyen, pour reprendre un mot à la mode – de le sensibiliser à l'aspect pratique des choses. Compte-tenu des trimestres cotisés, à quel âge ce sera le mieux de partir? Et pour toucher combien? Si vous acceptez de vous projetez dans votre vie d'après, au fait, à quoi occuperez-vous votre temps? Et à supposer que vous vous lanciez dans le bénévolat, ce sera avec quelle association et pour quelle cause ?

Un temps que vous allez aimer !

Avant qu'un enfant ne vous sollicite, vous ne vous étiez jamais inquiété de savoir si ça vous plairait ou non. La retraite viendra de manière inéluctable, vous êtes et vous restez là-dessus sans état d'âme. Honnêtement, vous serez content d'arriver à l'âge où l'on cesse d'avoir à travailler pour gagner sa vie. Mais vous n'êtes ni impatient ni angoissé. Peut-être, au contraire, vous sentez-vous usé jusqu'à la corde. Dans les deux cas, oui, la retraite, c'est un temps que vous allez aimer, vous le sentez. Voilà ce que vous pouvez répondre à votre petit-fils.

Sa question vous renseigne aussi et surtout sur le pré-ado qui vous la pose. Derrière son interrogation, vous devinez qu'il y a des présupposés. Il se demande si ses parents et grands-parents aiment leur travail, et s'ils s'y épanouissent. Alors, il s'interroge sur ce que sera leur existence quotidienne, une fois qu'à leur tour ils auront quitté la vie active. Le garçon se demande si cette retraite vous est imposée ; si, après, on ne tombe pas dans l'oubli ou l'ennui. Bref, il ne sait pas s'il doit la souhaiter pour ses grands-parents – et plus tard ses parents –, ou bien la redouter. Derrière son interrogation, naïve et directe à la fois, apparaît une grande sollicitude pour les siens. Et ça vous réconforte, non ?

Le conseil de Dadou

Même quand les questions d'un enfant ou d'un ado vous dérangent, c'est bien de prendre le temps de se poser avec lui pour y répondre. Quitte à le relancer sur le sujet, si vous ne vous êtes pas tout dit la première fois et que vous sentez le moment favorable. C'est lui montrer que vous êtes attentif à ses interrogations et que vous les prenez au sérieux.

Dans le cas précis, l'important sera de le rassurer. Il se préoccupe de la page que vous allez tourner sur le plan professionnel. Dites-le lui : la retraite n'est pas une punition. Oui, on peut s'épanouir de bien des façons ; même à l'âge d'être grand-père !

Acte 6

Les bonnes expériences et les moins bonnes

En tant que papy, vous allez vivre beaucoup d'expériences au fil du temps. De bonnes et de moins bonnes... Petit tour d'horizon...

Perdu dans le parc, mais… sain et sauf !

Votre petit-fils s'est égaré dans le parc. Le cœur s'affole, la sueur s'affiche à votre front. Dans quelques jours, la mésaventure se transformera en anecdote, une histoire amusante qu'on voudra partager avec les amis. Mais l'épisode risque de marquer la chronique familiale : on s'en souvient longtemps, longtemps après !

« Erwan ! Allez, on rentre ! Maintenant, tu sors de ta cachette… »

Il y a déjà cinq minutes que vous l'appelez et rien n'y fait, le petit-fils reste introuvable. Cinq minutes tout à l'heure, et dix, maintenant, que vous le cherchez en vain.

Pour lui, c'est un jeu. Il adore jouer à cache-cache, surtout avec ses grands-parents. Primo : ils se camouflent très mal – on dirait qu'ils le font exprès ! Deuxio : quand ils te cherchent, avec leurs lunettes, ils n'y voient goutte. En plus, comme ils sont moins impatients et moins pressés que papa et maman, la partie dure beaucoup plus longtemps…

Seulement, cet après-midi, papy voudrait bien que ça se termine vraiment. Cette fois, il ne le fait pas exprès, mais il ne parvient pas à remettre la main sur le garçonnet. Les buissons, l'arrière du mur, tout a été inspecté. On ne se volatilise pourtant pas comme ça ! Erwan ne serait tout de même pas rentré à la maison tout seul ; ordinairement, il ne franchit jamais la grille du parc, il sait bien qu'il faut attendre ses parents ou ses grands-parents.

Un mauvais suspense…

On vous fait grâce du suspense qui a duré, duré. Un mauvais suspense. L'adulte, dans sa tête, se fait tout un cinéma, les scènes défilent à toute vitesse, et il y a même des retours sur image. À quel moment l'ai-je perdu de vue, ce sacré garnement ? De quel côté s'est-il éloigné quand on a commencé à compter ? Et quand il s'est égosillé pour dire qu'il était caché, d'où venait sa voix ?

Un grand-père, c'est censé avoir de l'expérience. Un gamin qui s'égare dans un jardin public, on a déjà connu ça dans la famille et l'aventure s'est toujours bien terminée ! Il n'empêche qu'on s'angoisse, qu'on rumine et fulmine intérieurement : il ne perd rien pour attendre, le petit-fils ; quand on va le retrouver, il va nous entendre… On pense à ses parents aussi. Si on leur raconte l'épisode, ils répliqueront que c'est de votre faute, que vous n'êtes pas assez sévère, et qu'à eux, au même âge, on ne lâchait pas la bride aussi facilement…

En attendant, on a interrogé les nounous, les jeunes mamans, les autres grands-parents près du toboggan et des balançoires, on a alerté le gardien qui roulait au ralenti sur son cyclo électrique. Non, personne n'a rien vu.

« J'étais là, je t'attendais ! »

Évidemment, au bout du compte, on l'a récupéré notre Erwan. On aurait pu s'en douter, il s'était lassé qu'on ne trouve pas sa cachette et il s'en était éloigné sans penser à mal. Il avait tiré un trait sur la partie, c'est tout, puis il avait rejoint les enclos des animaux.

Il était là, devant un couple de lamas, serein, sans se douter qu'il vous avait fait courir et vous ronger les sangs depuis vingt minutes.

– *« Où étais-tu ? On te croyait perdu… La prochaine fois… »*

On n'a pas le temps de terminer sa phrase.

– *« Où j'étais ? Mais tu vois bien, je t'attendais ici ! »*

Votre histoire ne le tracasse visiblement pas. D'un air connaisseur, le garçonnet inspecte le bon état général des animaux à travers le grillage.

– *« Regarde, papy, il a le poil brillant. C'est bon signe, non ? »*

Et puis, regardant d'autres enfants moins disciplinés :

– *« Tu sais, moi je leur ai rien donné à manger. C'est interdit, ça leur fait du mal… Si je l'avais fait, tu me gronderais ? »*

Comment voulez-vous résister à un sourire comme ça, plein d'innocence et de tendresse ? On ravale sa colère et son ressentiment. Bien sûr qu'on ne racontera rien à ses parents !

Le conseil de Dadou

Dans un parc ou un jardin public, sur une plage ou sur un marché, quand je suis avec l'un de mes petits-enfants, je commence par lui indiquer un point de repère. Un endroit où l'on convient de se retrouver si on se perd de vue. Je cherche un signal visible de loin : des drapeaux en haut d'un mât, le toit le plus pointu, un arbre rigolo. Et je lui dis aussi de prévenir un adulte sur son chemin. Pas n'importe qui, un grand-père comme moi ou bien une autre maman.

Les devoirs de l'école, avec papy

Grand-père a du temps disponible, il n'a plus le stress de la vie quotidienne. Il serait d'accord pour s'occuper de ses petits-enfants et les aider à faire leurs devoirs. Avant de dire « oui », pesez le pour et le contre…

On a vu notre grand-père débutant ému et ravi tout à la fois de prendre le relais de mamie quand il s'agissait de lire une histoire. C'est un autre relais qu'il assure quand l'aîné de ses petits-enfants arrive en grande section de maternelle ou en CP. Avec l'apprentissage de la lecture, les choses sérieuses commencent ; papy en devient le témoin privilégié.

Quand votre écolier, garçon ou fille, passe vous voir, le soir après la classe ou bien au moment des vacances scolaires, il n'oublie jamais de s'encombrer de son cartable. Il en sort un à un les cahiers pour vous les montrer et vous les commenter. Celui qui ressemble à un journal de bord raconte, par le dessin, la photo et l'écriture les moments-clés de sa semaine. À papy, le petit-enfant est fier de présenter son travail ; il déchiffre les courtes phrases qu'il a imaginées – parfois, il les connaît par cœur.

Vos compétences... et vos goûts

Si les deux larrons – papy et l'enfant – s'entendent bien, s'ils habitent à proximité l'un de l'autre, ça peut donner des idées aux jeunes parents. *« Dis, tu ne voudrais pas aider Lucas à faire ses devoirs ? »* On convient que le garçonnet viendra chez ses grands-parents une ou deux fois après l'école. En principe, les enseignants ne demandent plus de travail à la maison, mais réviser, relire, s'entraîner, ça n'est pas interdit !

Arrivé en 6ᵉ, et quatre ans plus tard en 3ᵉ avec le brevet à l'horizon, il arrive que le rendez-vous avec papy continue de figurer au programme. Un peu de français et de maths, quelques résumés d'histoire et de géographie. Les verbes irréguliers anglais, les déclinaisons allemandes, etc. Ici, ne comptez pas sur papy pour les langues. Dans une autre famille, grand-père replonge au contraire avec délice dans les souvenirs de son séjour à Londres, quand il était ado. Bref, pour que ça marche, il faut tenir compte des compétences et des goûts de grand-père, que celui-ci y trouve son compte et que la séance ne se transforme pas en corvée. *Idem* pour les petits-enfants !

Papy répétiteur : le pour...

- ***Papy et ses petits-enfants se connaissent bien.*** D'emblée, le contact sera plus aisé qu'avec une personne étrangère à la famille – étudiant ou autre.

- ***Lucas ou Louise, à 6 ans puis à 10 ans encore,*** éprouvent du respect pour leur grand-père. Ils se rendent compte qu'il sait beaucoup de choses.

- ***Papy a du temps, bien plus que papa ou maman.*** En plus, il montre beaucoup plus de patience. Il ne s'énerve pas à la moindre hésitation.

- ***Si la séance a été houleuse*** parce que Lucas ou Louise n'y mettaient pas du leur, ou parce que, visiblement, ils n'avaient pas ouvert leur cahier depuis la semaine dernière, on se sépare en bougonnant. Mais la mauvaise humeur ne va pas rejaillir sur le reste de la soirée : le dîner à la maison, avec les parents, c'est un autre compartiment dans la vie du collégien.

...et le contre

- ***Papy, malgré toute sa bonne volonté*** et malgré toutes ses qualités, n'est pas forcément un as de la pédagogie. Enseigner, cela s'apprend.

- ***À 55 ou 60 ans,*** et même s'il reste très à l'écoute du monde, papy a peut-être décroché sur un certain nombre de choses. L'anglais reste l'anglais, mais la langue parlée a évolué, de nouvelles expressions sont apparues dans la vie courante, tandis que certains mots ont disparu et paraîtront désuets si Lucas les utilise.

- ***Papy fait preuve d'un naturel bienveillant,*** mais il n'aime pas qu'on le prenne pour un rigolo, qu'on lui tienne tête ou qu'on se montre insolent avec lui. Même s'il est encore jeune d'esprit, il n'a plus l'habitude de vivre au quotidien avec un ado ; il n'est plus tout à fait sur la même longueur d'onde.

- ***Parfois, on sent de l'électricité dans l'air*** à cause d'une leçon pas sue, ou d'un « j'm'en-foutisme » évident chez Lucas ou bien chez Louise ; ou d'un coup de fatigue et de lassitude chez papy. L'Éducation nationale s'interroge sur l'opportunité de garder le système de notation actuelle à l'école ; ce n'est pas le moment d'instituer des notes chez grand-père !
- ***Si papy n'est pas satisfait de son élève, quelle attitude doit-il avoir ?*** Faut-il qu'il prévienne le père de ses petits-enfants, au risque de les faire gronder à la maison ? Sévir lui-même ? Dans tous les cas, ce serait dommage que l'affection entre le grand-père et son petit-fils ou sa petite-fille s'en ressente.

Le conseil de Dadou

Si cela rend service à ses parents et si votre petit-fils ou votre petite-fille est d'accord, mettez-vous à sa disposition pour l'aider à faire ses devoirs le soir ou à réviser ses leçons le week-end. Mais faites-le ponctuellement seulement, ou bien dans le cadre d'un « contrat à durée déterminée » – quelques mois, une année scolaire maximum. Ne laissez pas l'usure et le ressentiment s'installer. Et surtout ne vous transformez pas en surveillant ou en directeur d'école : ce n'est pas votre rôle ! Répétiteur, oui. Examinateur, non !

Suggestion : prévoyez une crêpe au chocolat après les devoirs, ça passera mieux...

Sortie avec les jeunes parents : chaque chose en son temps !

Pré-ma-tu-ré ! Ce n'est pas du nouveau-né dont il s'agit, mais du repas que grand-père a cru bon d'organiser au restaurant pour les jeunes parents, quelques semaines seulement après la naissance de leur merveille.

Inviter ses enfants au resto, c'est l'un des plaisirs qu'on peut s'octroyer en abordant la retraite. Faute de temps, faute de moyens parfois, on n'en a pas toujours eu le loisir quand on était encore en activité et que les enfants ne volaient pas encore de leurs propres ailes.

Les inviter pour célébrer une naissance, c'est encore mieux ! C'est ce qu'on croit, du moins. On se dit que bébé restera sage dans son couffin, que le jeune couple sera heureux de se poser un peu en se laissant servir, que la toute neuve maman ne sera pas mécontente de se libérer du régime imposé pendant les derniers mois de grossesse – enfin le petit écart de gourmandise qu'elle rêvait de s'offrir. Rien qu'à l'idée de réserver la table, vous savourez à l'avance ce moment de bonheur tout simple. Par ailleurs, au restaurant, peut-être croiserez-vous des connaissances auxquelles vous pourrez fièrement présenter votre petit monde.

La réalité peut s'avérer quelque peu différente de ce que vous aviez imaginé. Mais si vous ne voulez pas être déçu, peut-être y a-t-il quelques précautions toutes simples à prendre :

- ***Au moment de la réservation,*** annoncez la configuration de la famille et assurez-vous gentiment qu'on n'aura pas trop à attendre.
- ***Choisir un restaurant simple,*** douillet et familial pour que chacun soit à l'aise, pas un gastro' hyper chic, hyper long, hyper codé.

- ***Mettre à l'aise la maman allaitante ou « biberonnante »*** pour qu'elle se sente libre de faire le nécessaire au moment voulu.

Le conseil de Dadou

Avant de réserver une table, mettez le jeune couple à l'aise. L'invitation au restaurant ne doit pas se transformer en corvée pour le papa et la maman qui ne manquent déjà pas de soucis et d'occasions de fatigue après la naissance. S'ils préfèrent reporter à plus tard la sortie au resto, n'en soyez pas offusqué.

Si vous prévoyez d'inviter également le grand frère ou la grande sœur du nouveau-né, passez un contrat avec eux. Mêmes petits, ils comprennent ce que cela veut dire : *« Ok, tu viens avec nous parce que tu es un grand garçon ou une grande fille. Mais tu ne feras pas de caprice ! »*

Si l'un des petits-enfants fait une fixation sur un plat en particulier – soit qu'il ne veuille rien manger d'autre, soit que le simple énoncé du plat lui donne des haut-le-cœur –, commencez par interroger le restaurateur. Vous éviterez une éventuelle déception une fois tous attablés.

Si cela vous paraît trop hasardeux d'associer les petits-enfants à la sortie, repousser à une autre fois le déjeuner intergénérationnel ; proposez de payer deux ou trois heures de baby-sitter et allez au restaurant entre adultes sans vous culpabiliser. Et bon appétit !

Chez grand-père, la chienne est morte

Ils rêvent tous d'avoir un animal domestique à la maison. Papa et maman n'en ont pas forcément envie. Heureusement, papy a sa chienne. Mais quand elle va mourir, ce sera la première fois, peut-être, que l'enfant fera l'expérience de la mort.

Chez Molière, « le petit chat est mort ». C'est le chien, ou plutôt la chienne qui, chez grand-père, vient de mourir. Jusqu'à présent, le petit-fils et la petite-fille de papy n'ont rencontré la mort qu'au travers des feuilles ramassées dans les allées du square, ou du bouquet fané qu'on va jeter. La mort d'un animal, ils ne l'ont vue qu'au travers d'un oisillon trouvé au pied d'un arbre secoué par la tempête. Mais le petit oiseau, ils ne le connaissaient pas, ils ont appris son existence en même temps qu'ils découvraient son corps sans vie.

Avec la chienne de papy qui disparaît, c'est différent, et ils s'aperçoivent du chagrin que cela suscite dans la famille. L'animal faisait partie de leur cadre de vie, ils avaient leurs habitudes avec lui. Au début, ils en avaient eu un peu peur parfois. Les yeux sombres et brillants de la chienne, ses longs poils et surtout sa taille : un gros animal comme ça en imposait à un bambin de 2 ans. Les petits avaient appris à la connaître; et c'était réciproque. Véga guettait le moment propice pour donner en douce un coup de langue au visage situé à sa hauteur, ou pour ramasser, ni vu ni connu, le morceau de brioche tombé par terre. Gare si elle courait : il valait mieux ne pas être sur sa trajectoire, au risque d'être bousculé à son passage.

Maintenant que la chienne a disparu du paysage, les enfants ressentent son absence. Quand ils reviennent chez papy, le temps d'un week-end ou pour les vacances, c'est la même question qui jaillit de leurs lèvres : *« Elle est où, maintenant, Véga ? »* Mais ils connaissent la réponse, bien sûr.

Ça défile dans l'aquarium

Des anecdotes, des histoires de complicité entre sa chienne et ses petits-enfants, papy pourrait en citer des tas. Parfois l'animal faisait comprendre qu'il en avait assez, qu'il voulait du calme. Il grognait. Mais les petits-enfants ne montraient jamais de rancune et ils étaient toujours à sa recherche. C'est ça, un animal de compagnie. Un chien, d'ailleurs, ils en auraient volontiers réclamé à leurs parents, mais ils savaient que c'était perdu d'avance. Sur bien des choses, papa et maman sont prêts à céder. Sur la question des animaux à la maison, ils font de la résistance. Et ils n'étaient pas mécontents que papy ait sa chienne. Les enfants la considéraient un peu comme la leur.

Les copains et les copines, à l'école, ont des animaux qui n'arrêtent pas de faire des bêtises. Un lapin domestiqué qui ronge les fils électriques de l'appartement, un chat qui s'est rendu malade en mangeant une demi-livre de beurre, ou encore un hamster qui a faussé compagnie à son petit maître. La cousine Léa a essayé les poissons rouges. Des poissons de toutes les couleurs en réalité. Des jaunes, des orangés, des noirs. Il y a eu Banane, Orangina, Patapouf qui était plus gros que les autres. Ils sont tous morts dans leur aquarium au bout de quelques semaines, au bout de quelques jours seulement pour certains d'entre eux. Heureusement, il reste Pissenlit. Il semble plus résistant. Ses prédécesseurs n'ont pas eu sa chance. Un jour, Léa et sa petite soeur lui ont même raconté l'histoire de Véga.

Le conseil de Dadou

Si vos petits-enfants n'ont pas d'animal domestique chez eux, les raisons peuvent en être multiples. Il manque de la place, l'emploi du temps des jeunes parents est déjà surchargé, une expérience précédente s'est mal terminée. Dans la mesure où personne n'est allergique et où vous avez, vous, un peu plus de temps et d'espace, n'hésitez pas. C'est un beau cadeau à faire aux petits-enfants que de leur permettre d'approcher la vie animale, au moins le temps des vacances. Il y a plein de choses à y apprendre : l'attention à l'autre, le respect, l'affection réciproque.

La disparition d'un animal domestique est un moment pénible. Mais elle donne l'occasion d'aborder avec l'enfant le sujet de la mort. C'est souvent la première fois que le petit s'y trouve confronté. À 2 ans, l'enfant s'interroge surtout sur l'absence. Il remarque le vide, sa perception de la mort s'arrête là pour l'instant. Il était habitué à voir l'animal dans son panier et quand on partait en promenade, c'était le compagnon de balade. Dadou lui avait appris à ne pas avoir peur du chien, mais aussi à le respecter – à ne pas lui donner à manger en dehors des repas et en dehors de sa gamelle, à ne pas l'agacer, à ne pas crier, à ne pas frapper. Cet apprentissage du respect lui restera et lui servira dans la vie, y compris dans ses rencontres avec les humains.

Le chagrin, le petit-enfant ne l'éprouve qu'un peu plus grand quand il comprend qu'il ne verra plus l'animal – « plus jamais ». Si vous avez des photos, montrez-les lui, proposez-lui d'en garder une qu'il pourra ramener à la maison. Dites-lui que se souvenir du chien qui vient de mourir, c'est un cadeau à lui faire. On évitera de montrer le corps sans vie de l'animal familier. Ce serait traumatisant. Mais le hasard mettra peut-être le petit enfant en face d'un oiseau mort, dans la rue ou bien au square. Cette fois, de la curiosité viendra se mêler au chagrin.

Une sorte de fascination même – l'enfant, au cours de ses jeux, reviendra à plusieurs reprises vérifier que le petit corps est toujours là.

Dites-lui que vous avez de la peine également. Mais évitez l'expression : « Ce n'était qu'un animal! » Vous pouvez en revanche lui faire découvrir que l'espérance de vie n'est pas la même pour les hommes et pour les bêtes; mais que pour tous, il en est ainsi de l'existence : à un moment, on passe le relais, on laisse la place. Un jour aussi, papy va mourir. Mais eux, qui sont vos petits-enfants, seront alors des grands. Ce sera leur tour de consoler les petits.

Un animal chez papy : les conseils d'une vétérinaire comportementaliste

À quelles règles de prudence faut-il s'astreindre quand on reçoit ses petits-enfants qui ne sont pas habitués à la présence d'un animal? Vétérinaire comportementaliste, Valérie Dramard nous donne ses conseils. Elle est l'auteur de plusieurs livres dont *Le comportement du chien de A à Z* (Éditions Ulmer, 2013), *Le comportement du chat de A à Z* (Éditions Ulmer, 2012) et *Parlez le miaou en 10 leçons* (Rustica Éditions, 2013).

- **Les signaux émis par l'animal.** « *Un tout jeune enfant, autour de 2 ans par exemple, ne va pas reconnaître les signaux de menace qu'un animal peut émettre : les grognements et les babines relevées chez le chien, les crachements, les feulements et les oreilles plaquées chez le chat. Ces signaux annoncent généralement que l'animal est prêt à agresser. Il faut donc les apprendre à l'enfant pour qu'il perçoive le danger.* »

- **Ce qui agace l'animal.** « *Les petits-enfants, dans leurs mouvements, peuvent être maladroits ou brusques. Très curieux, ils vont toucher, prendre la queue de l'animal et tirer. Ou alors, ils vont arriver rapidement près d'un animal qui n'est pas habitué à eux. Ces gestes sont douloureux pour le chat ou le chien, l'agacent ou le surprennent. Il arrive aussi que l'enfant tombe sans le faire exprès sur l'animal ou sur sa couche. Celui-ci peut alors réagir de façon agressive.* »
- **Attention au visage.** « *Quand l'enfant est de petite taille ou s'il s'accroupit, son visage est souvent proche de l'animal. Cas classiques : le chien ou le chat se trouve sur un fauteuil ou un canapé, le petit s'approche trop de lui, à hauteur de sa gueule ou de ses griffes ; le petit-enfant s'approche du chien qui est couché sous la table du repas. Le visage de l'enfant est alors très vulnérable* ».
- **Un endroit interdit.** « *Même si on dit au petit de ne pas s'approcher, l'animal est forcément attirant pour lui. Le mieux est d'interdire à l'enfant un endroit précis et limité où le chien et le chat seront chez eux. Les animaux ont en effet besoin de se reposer et de se sentir en sécurité dans une cachette ou un refuge bien à eux : l'angle d'une pièce, un espace entre deux fauteuils. Ils doivent aussi pouvoir manger tranquillement : on leur donnera donc à manger en dehors de la présence des enfants et on retire la gamelle après son repas.* »
- **L'animal est indulgent.** « *Un chien bien socialisé, bien dans sa tête, perçoit que l'enfant en bas âge est un être vulnérable. Il va se montrer plus indulgent et plus patient à son égard. Et jouer avec lui avec douceur. Il se montrera agressif moins vite qu'avec un adulte qui aurait le même comportement.* »
- **Un excellent apprentissage.** « *Pour l'enfant, la présence d'un animal chez grand-père constitue un apprentissage du vivant. Le petit découvre que le chat ou le chien ont des*

humeurs, des motivations, qu'ils ont envie de dormir ou de boire. Sur le plan éducatif, cette proximité va lui apprendre l'empathie. Le petit-enfant apprend également à communiquer sans les mots.»

- **De vraies amitiés.** *«Entre l'animal et le petit-enfant, des relations d'amitié se tissent. Un attachement et une complicité qui vont constituer parmi les meilleurs souvenirs d'enfance. Cela fera partie des bonheurs naturels que l'enfant est appelé à connaître.»*
- **Si l'un des parents a peur.** *«En consultation, je reçois souvent le gendre ou la belle-fille qui ont peur des animaux. Leur appréhension complique les choses. Une des façons de les rassurer est de commencer à mettre une muselière légère au chien. On habitue l'animal à la porter en lui donnant une friandise. Cela peut suffire à tranquilliser le jeune adulte et à modifier sa vision des choses.»*

Notes

Acte 7

Des valeurs à partager

Avec papy, il y a plein de valeurs à partager. « Valeurs » – vos petits-enfants ne savent pas ce que ça veut dire. Mais si vous leur parlez des pièces jaunes, ils comprennent tout de suite. Les valeurs, c'est aussi la façon dont on se comporte dans la vie de tous les jours. Et le regard qu'on porte sur l'actualité quand on regarde la télé en compagnie des petits.

Apprendre la générosité

Ni papy ni ses petits-enfants ne rateraient le rendez-vous. Après Noël et le Jour de l'an, la collecte des pièces jaunes est devenue un rituel pour eux aussi.

« Tu les as mises où, tes pièces pour l'hôpital ? »

C'est la question des petits-enfants qui débarquent chez papy début janvier. Ils disent *« les pièces »*. Ils n'ajoutent pas leur couleur, parce qu'elles ne sont plus jaunes depuis longtemps. Eux, ils ne connaissent que l'euro ; la petite monnaie, celle des centimes, ils ne l'ont jamais vue autrement qu'orangée quand les pièces sont neuves ; et tirant sur le marron quand elles ont beaucoup circulé.

Grand-père aime beaucoup cette opération qui se renouvelle chaque année, après les fêtes. D'abord elle invite à la solidarité : au cours de la semaine qui précède, les petits-enfants ont été gâtés, les cadeaux sont arrivés de tous les côtés ; ce n'est pas inutile de leur rappeler qu'à leur tour, maintenant, ils peuvent contribuer à faire plaisir à des gamins de leur âge que la maladie condamne à rester loin de chez eux. L'autre raison, papy la garde pour lui : il est fâché avec la monnaie des courses ; il la trouve trop encombrante. Alors, il n'est pas mécontent de s'en délester quand il revient du kiosque à journaux ou bien de chez le boulanger. La campagne des pièces jaunes, à ses yeux, a donc le double mérite d'être utile à une cause qu'il trouve émouvante... et de soulager ses poches.

Il les remplit au même rythme

C'est donc devenu un réflexe : sitôt rentré, grand-père dépose les petites pièces dans un verre où elles s'accumulent et forment un drôle de cocktail. Il a même prévu deux verres, en réalité : l'un pour son petit-fils, et l'autre pour sa sœur, ou bien pour le cousin. Papy veille à les remplir au même rythme, le plus équitablement possible. Si l'un d'eux, par inadvertance, semble plus garni, il corrige aussitôt en ajoutant le complément nécessaire. Parfois, c'est une grosse pièce qui n'a ni la couleur, ni la taille des précédentes, et les enfants la repèrent tout de suite.

Quand les deux récipients sont pleins, grand-père les coiffe d'un papier transparent serré par un élastique, comme s'il s'agissait d'un pot de confiture. Et il met en route deux autres verres. C'est rare qu'il parvienne à remplir totalement la deuxième série : ses petits-enfants ont le calendrier de l'opération en tête et viennent lui rappeler que l'étape suivante consiste à compter ou peser les pièces – malgré les efforts de papy, le frère espère toujours que sa collecte sera plus abondante que celle de sa sœur – puis à les apporter à la Poste.

Les petits-enfants comprennent tout de suite

Les enfants se sont montrés réceptifs à la campagne des pièces jaunes dès que grand-père leur a proposé d'y participer. Et si ça se trouve, c'est même eux qui l'ont convaincu de s'y associer, après en avoir entendu parler à la récré. Ils n'ont pas eu besoin de longues explications. Ils ont tout de suite compris à quoi ça pouvait servir : à aider les enfants malades, à leur apporter un peu de bien-être supplémentaire à l'hôpital, à soutenir des parents qui doivent faire semblant d'être joyeux, mais qui sont très tristes en réalité. La maladie, ça vous dit quelque chose quand on est gamin. Parfois, on cite le prénom d'un copain qui a dû quitter l'école parce qu'il devait se faire soigner, et ça dure depuis deux ou trois mois déjà. Et même si on ne connaît personne qui soit touché, on se sent très proche de ces garçons et de ces filles qui ont le même âge que vous, mais n'ont pas votre chance.

Quand papy entend ses petits-enfants en parler, il se réjouit de voir qu'ils ont du cœur. C'est vraiment ça le plus important, qu'ils apprennent à compatir et à se montrer généreux. L'opération, raconte-t-il à ses amis, est complètement géniale. C'est une belle leçon d'humanité, ajoute-t-il en les invitant à devenir donateurs eux aussi. D'ailleurs, papy a un peu honte : cette histoire de pièces qui déformaient ses poches, c'était idiot...

Escroquerie en culotte courte

Un jour, papy propose à son petit-fils de déposer lui-même dans la tirelire des pièces jaunes un euro rescapé du vide-poche de la voiture. Le garçonnet sait où se trouve le verre réservé à cet usage. Surprise quelques minutes plus tard : grand-père, qui regarde par hasard le niveau atteint par la collecte, s'étonne de ne pas y voir la pièce bicolore qui, dernière arrivée, devrait normalement se trouver au-dessus des autres.

D'un simple mouvement des sourcils, papy interroge son petit-fils dont le regard, brusquement, se fait fuyant. Grand-père n'a pas à ouvrir la bouche, encore moins à hausser le ton ; il se contente de tousser. Son petit-fils comprend illico : *« J'ai dû me tromper. J'ai confondu : j'ai gardé l'euro sans faire exprès et j'ai mis une petite pièce à sa place dans la tirelire. Attends, je vais réparer... Dis, papy, tu me crois, hein ? »*

Un peu chagriné par cette tentative d'escroquerie en culotte courte, grand-père ne veut pas faire d'esclandre, ni alerter les parents du garçonnet. Il prononce quelque chose comme un *« Hum, hum »*. Avant d'ajouter un dernier conseil : *« La prochaine fois, fais quand même attention. Les petits malades, à l'hôpital, ils te font confiance. Et moi aussi ! »*

52 % des donateurs ont plus de 50 ans

Chaque année, les Français donnent 2,3 milliards d'euros aux associations ou organismes humanitaires. Pour le compte de France Générosités, TNS Sofres a établi le profil type du donateur. Selon une récente enquête :

- 58 % des Français déclarent avoir déjà fait un don à une association ou une fondation faisant appel à la générosité du public.
- 13 % le font de façon occasionnelle, c'est-à-dire tous les 2-3 ans ou moins.
- 24 % le font une fois par an.
- 16 % le font plusieurs fois par an et 15 % versent même un don tous les mois.
- 53 % de ceux qui se déclarent donateurs sont des femmes.
- 52 % des donateurs ont plus de 50 ans. Et 31 % affichent 70 ans et plus. D'une façon générale, les plus de 50 ans se déclarent surtout sensibles à la protection des plus faibles.
- Les premières causes citées par les Français sont l'aide et la protection de l'enfance, jugées prioritaires par 35 % des sondés. La lutte contre l'exclusion et la pauvreté est citée par 29 %. Le soutien à la recherche médicale par 26 %. L'aide aux personnes handicapées par 24 %. Viennent ensuite l'aide aux personnes âgées et la défense des droits de l'Homme.
- Les jeunes donateurs de moins de 35 ans sont particulièrement attentifs à l'actualité et aux causes urgentistes. Ils se mobilisent pour les causes qui ont trait à la jeunesse, à la solidarité internationale et à la nature.

Des occasions d'agir ensemble

Les actions caritatives peuvent constituer un terrain idéal pour nourrir la relation entre les grands-parents et les jeunes. Les occasions de rendre service à l'échelon d'un quartier ne manquent pas : le jour où l'on doit tenir une permanence à la Croix-Rouge ou bien à la bibliothèque, pourquoi ne pas se faire accompagner par ses petits-enfants ? Ou bien quand il s'agit de trier les vêtements, ou de rassembler les produits déposés lors de la collecte pour la Banque alimentaire. Les jeunes adorent se rendre utiles, et les amis qui appartiennent à la même association que vous seront ravis de voir un peu de jeunesse, le temps d'un après-midi. Tout ce petit monde va s'inscrire dans une démarche collective : une belle école de la vie en société !

Grand-père explique Ebola : gare au virus de la peur

Ce n'est déjà pas facile d'aborder la question de la maladie avec un enfant, alors évoquer une épidémie qui fait la Une des médias, ça devient carrément compliqué !

Ce jour-là tout a commencé par un éclat de rire, celui de votre petite-fille. Elle venait d'écouter le journal télévisé – et ça n'est pas son habitude, ses parents veillent plutôt à l'en préserver. Elle passait la soirée chez vous, vous avez regardé ensemble. Le journaliste racontait qu'on allait prendre la température des passagers, à leur descente d'avion. Pas tous les voyageurs, seulement ceux arrivant d'un pays d'Afrique, la Guinée. Cette histoire de température, ça l'a fait rire. Et qu'on prend dans l'oreille, en plus, non mais, tu as entendu ? Chez elle, le thermomètre a la forme d'un petit revolver et on se contente de le poser sur la tempe.

Épidémie, elle connaît le mot

Sans attendre la suite du journal, la fillette y est allée d'une rafale de questions. C'est quoi cette maladie, c'est quoi un virus ? Épidémie, elle savait. À l'école, les maîtres avaient déjà traité le sujet, en évoquant ces pandémies qui, du Moyen Âge au XXe siècle, ont fait des milliers de morts à travers le monde. Alors, elle n'a pas été complètement surprise. Quant à vous, il a bien fallu répondre. Vous avez essayé de trouver les mots adaptés à son âge pour expliquer ce virus Ebola, et dire la façon dont on peut tenter de s'en prémunir.

La difficulté, dans ces moments-là, quand on s'adresse à un enfant, c'est de ne pas le traumatiser. Sinon bonjour les cauchemars la nuit ! On peut dire la vérité, mais on se doit aussi de rassurer. Ces saletés de virus, c'est une réalité, mais nous avons bien de la chance, nous, de vivre à notre époque. Tu as vu tous les médecins, tous les hôpitaux, tous les chercheurs qui sont mobilisés ?

La psychose ne guette pas seulement les enfants. Un copain me raconte que sa fille, une jeune trentenaire qui habite en province, vient d'annuler un séjour à Paris qu'elle avait prévu ces jours-ci. Pourquoi ? Par crainte de côtoyer quelqu'un, qui aurait croisé quelqu'un, qui aurait lui-même approché un malade affecté par Ebola. Vous suivez ?

Un climat d'angoisse collective

Tôt ou tard, votre petite-fille n'échappera pas à son tour aux rumeurs, ce maelström d'informations plus ou moins contrôlées, et à ce climat d'angoisse collective qui se développe à grande vitesse autour de nous, touche toutes les générations, et qui, le plus souvent, est complètement irraisonné. Les cours de récréation vont s'y mettre aussi, on peut le parier.

La peur, ça ressemble parfois à un virus et notre société est encore plus démunie pour y faire face. De cela également, ce ne serait peut-être pas inutile de les alerter, nos petits-enfants. Histoire qu'ils ne s'affolent pas.

Le conseil de Dadou

Pas de faux-fuyant quand un enfant vous interroge. L'essentiel est seulement de s'adapter à son âge. De dire la vérité, sans forcément entrer dans les détails. Et de rassurer autant qu'il est possible. Ce serait dommage que votre petite-fille ou votre petit-fils reparte de chez ses grands-parents avec une provision de cauchemars ! Et comme on est seulement le papy ou la mamie, on prendra soin de prévenir les parents de la réponse qu'on a donnée. On conseillera aussi aux enfants d'interroger papa et maman...

L'avis de l'expert :

Comment parler d'une épidémie à un enfant ?

Le Docteur Didier Houssin a été Directeur général de la Santé de 2005 à 2011. Il est notamment l'auteur de *Soignons la science* (Odile Jacob, 2018) et *Face au risque épidémique* (Odile Jacob, 2014).

« Tout dépend de l'âge. Un jeune enfant comprend parfaitement qu'une maladie ou un accident puisse toucher une personne en particulier. Est-il capable de concevoir une situation qui porterait atteinte à d'autres qu'à lui-même ou à ses proches, peut-il percevoir les enjeux collectifs d'une grande catastrophe, d'une guerre ou d'une épidémie, cela est moins évident.

En tout état de cause, il s'agit de ne pas l'effrayer. Si sa famille vit dans la peur, il le percevra et vivra à son tour dans l'angoisse. Le rôle des parents et des grands-parents serait plutôt de le rassurer. En dehors de quelques cas importés, le risque d'Ebola est très limité dans un pays comme le nôtre – l'épidémie étant essentiellement liée à des conditions sanitaires dégradées. Cela peut être justement l'occasion de sensibiliser l'enfant à tout ce qui concourt au bon fonctionnement d'un système de santé : les médecins, les infirmières, les hôpitaux, etc. rendent la vie moins dangereuse et nous protègent, c'est un message facile à transmettre.

La prévention est une autre question encore. Il me semble que les enfants sont assez sensibles, et parfois même davantage que leurs parents, aux gestes qu'on leur propose : dans beaucoup de familles, ils sont devenus les avocats du tri sélectif, par exemple. En matière de santé également, les jeunes enfants se montrent très perméables aux recommandations simples qu'on peut leur donner. Au moment de l'épidémie de grippe aviaire, la France avait lancé une campagne incitant au lavage des mains. L'opération avait été bien suivie et, l'année suivante, nous avions d'ailleurs observé une moindre incidence des bronchiolites et des gastros saisonnières chez l'enfant...

Comme lecteur de BD enfin, j'estime que la bande dessinée peut constituer un excellent support pédagogique. Je me souviens d'un album de Tintin, Le Temple du Soleil, *expliquant ce qu'est le pavillon de quarantaine. Avec le lavage des mains, les vaccins, les médicaments, la quarantaine fait partie des mesures de santé publique imaginées par l'homme pour éviter la contagion. C'est une bonne façon de sensibiliser l'enfant sans le traumatiser.* »

Jamais seuls devant l'écran

Les épidémies font des ravages sur le terrain, causant parfois des dizaines ou des centaines de milliers de morts. Elles ont un autre pouvoir également : elles sèment la psychose dans les opinions, parfois de manière irraisonnée, et il arrive qu'elles traumatisent les plus jeunes, au travers des reportages et des débats dont raffolent les médias.

Bien d'autres sujets, du reste, contribuent à effrayer les petits. Arrêtez-vous un instant et repensez à l'actualité des semaines écoulées : le crash volontaire d'un avion, une disparition ou un enlèvement, une prise d'otage, un crime, une fusillade ou un règlement de compte… N'en jetez plus ! Évidemment tout cela se passe très loin de chez l'enfant, mais les images qu'il va découvrir en même temps que vous, même de façon furtive, à l'écran, risquent d'être source d'une véritable angoisse pour lui.

Pour peu que l'info concerne une ou des victimes de son âge, ou que les images aient été particulièrement réalistes, le jeune téléspectateur en ressentira l'impact plus fortement encore. Et ne pensez pas qu'un simple flash à la radio soit moins traumatisant : les enfants ont cette capacité à saisir ce qu'on aurait préféré leur cacher de prime abord – presqu'instinctivement, ils vont repérer un mot ou bien la tonalité plus grave d'une voix.

Pour vous, grand-père, la responsabilité n'est pas mince. Vous avez l'habitude d'écouter d'heure en heure les infos à la radio – à la maison ou dans la voiture – ou de suivre le JT du soir. Si vous avez la garde de vos petits-enfants, il vaut mieux changer ces habitudes, ou du moins les adapter à leur séjour auprès de vous.

Leur empêcher totalement l'accès à la télé, à la radio, et à toutes les infos qui déboulent de l'extérieur est une précaution sans doute illusoire. Le journal télévisé, quand on a 4 ou 5 ans, ce n'est pas adapté. Mais il sera difficile de cacher aux petits l'événement dont tout le monde parle; y compris dans la cour de récréation, de façon amplifiée ou déformée.

Accompagner vos petits-enfants devant l'écran s'impose donc comme un minimum. Il faut que vous puissiez répondre à leurs questions : papy, c'est quoi se suicider? Pourquoi il a fait l'accident? Un pédophile, ça veut dire quoi? Pourquoi il voulait du mal aux enfants?

À chacun de nous, selon l'âge du petit qui nous est confié, de répondre sans ajouter à l'angoisse ou nourrir les cauchemars à venir. Il faut trouver les mots, en évacuer d'autres. Rassurer et prévenir. Ne pas se défausser. Ne pas généraliser, sans pour autant donner le sentiment qu'on prend les faits à la légère. Ne pas se faire juge, ne pas excuser non plus.

Des journaux existent qui s'adressent spécialement aux enfants et préados. Rédigés par des professionnels, ils seront précieux pour répondre de manière juste aux préoccupations de vos petits-enfants. Et puis l'actualité, heureusement, propose des infos moins traumatisantes et qui peuvent contribuer à nourrir de jolies conversations entre grand-père et ses petits-enfants. Des occasions à saisir!

Les cadeaux de papy, c'est pas pour les vide-greniers !

L'affaire ne vous concerne pas forcément personnellement, mais vous vous reconnaissez complètement dans ce grand-père de vos amis qui vous raconte son agacement. Il se déclare même carrément offusqué. Choqué. *« Mais enfin, les cadeaux que je fais à mon petit-fils, ce n'est pas pour le vide-grenier du coin ! »*

La situation se résume en une phrase : le petit-fils a profité de la première brocante venue pour mettre en vente les livres que papy lui avait offerts à Noël – les livres et même le jeu vidéo. La liste que le garçon avait adressée à ses grands-parents ne comportait que du matériel ou des accessoires numériques. Bien intentionné, le grand-père avait pris sur lui d'y ajouter deux bouquins. Des récits d'aventure qui lui semblaient d'autant mieux adaptés à l'âge du pré-ado qu'ils étaient accompagnés de jolies illustrations au graphisme moderne. Deux mois ne se sont pas écoulés que le petit-fils *« s'est débarrassé – il n'y a pas d'autre mot »* des fameux cadeaux. *« Encore heureux,* ajoute le grand-père, *j'ai résisté à mon envie de lui offrir un autre volume auquel je pensais, relié et à la tranche dorée. Un livre de prix qui appartenait à mes propres parents, dans les années 1930. Il l'aurait vendu tout pareil ! »*

Quand il vous raconte l'anecdote, votre ami est encore sous le coup de l'émotion et de la colère. La prochaine fois, il se le promet, il n'ira pas courir les magasins et il se cassera moins la tête à chercher la bonne référence sur les rayons. *« Je lui glisserai un billet dans une enveloppe et basta ! Mais tu parles d'un cadeau personnalisé ! »*

Papy n'admet pas non plus que le papa et la maman du gamin ne réagissent pas de leur côté. Ils laissent faire comme si c'était normal de refiler à des inconnus un cadeau qu'on vient de vous offrir. « On » ? Non, lui le grand-père, un proche parmi les proches, le père de votre père. Et pourtant, les parents ne bougent pas, ils ne paraissent pas scandalisés. Alors qu'ils ont l'indignation facile, dans le cas présent, on n'entend pas la moindre remarque de leur part. Et c'est ce qui est le plus difficile à vivre pour ce grand-père qui se sent lâché et incompris.

Le comportement du petit-fils n'est peut-être pas normal, mais il devient assez courant. Les publicités que vous recevez sur Internet vous mettent au parfum – vous serez moins surpris le jour où ça vous arrivera à vous aussi. D'après la pub, la revente des cadeaux de Noël n'est plus un tabou, elle se pratique sans complexe. Quels cadeaux? *«Ceux qui vous ont déçu, ou que vous avez reçus en double»*. Qu'il s'agisse d'hifi, de téléphone, de console ou d'informatique, plutôt que de laisser au placard ce qui ne vous intéresse pas, un magasin spécialisé vous propose de le racheter. Les boutiques de fringues font la même chose; les vendeuses et vendeurs savent par avance que les premières semaines, au lendemain des fêtes, seront consacrées à des échanges.

Un site internet a également trouvé le bon filon en proposant un système de location. Cette fois, on ne revend pas les cadeaux, on les loue, histoire d'en tirer un petit bénéfice supplémentaire. Grand-père n'en croit pas ses yeux : si, si, c'est possible. Du reste, le créateur du site a commandé un sondage. D'après l'enquête réalisée au téléphone auprès de 15000 Français, 16% d'entre nous serions prêts à opter pour cette formule dès lors qu'un cadeau qu'on nous a fait n'est pas utilisé tous les jours.

Ces nouveaux modes de fonctionnement n'ont pas fini d'étonner papy. Il se rappelle les cadeaux qu'il recevait quand il était lui-même gamin. Content ou pas content, il fallait non seulement remercier – c'est le minimum –, mais aussi faire bonne figure auprès du donateur. Ce soir, en découvrant l'annonce de ce vide-grenier, grand-père en a gros sur le cœur. Mais comme il lui reste un fond d'humour, il se demande si toutes les brocantes de France et de Navarre ne permettent pas d'écouler finalement le trop-plein des chambres de nos petits-enfants. Si elles prospèrent, alors, c'est bien grâce aux papys de son acabit. Et puis une petite voix susurre en lui une vieille maxime qui garde son actualité : « Donné, c'est donné ».

Le conseil de Dadou

L'idée du cadeau, c'est de faire plaisir à celui qui va le recevoir, pas de vous faire plaisir à vous. Critère n° 1 par conséquent : assurez-vous que le cadeau, qu'il réponde ou non à une attente, va toucher et sera une bonne surprise.

Ne vous sentez pas obligé de coller aux *shopping-lists* des enfants. C'est aussi votre rôle de contribuer à leur faire découvrir des choses, à condition que cela corresponde à leur âge et à leur personnalité.

Si ce n'est pas un cadeau attendu, pensez à assurer le service après vente ! En clair, accompagner la découverte en montrant comment ça marche, à quoi ça peut servir, etc.

Vous vous apercevez que ça ne colle pas : soyez bon joueur et pédagogue à la fois. Assumez l'erreur, questionnez l'enfant pour mieux cerner « le souci » et participez à l'échange.

Mes petits-enfants ne vivent pas en France

Certains grands-parents se plaignent de ne pas voir souvent leurs petits-enfants parce que ceux-ci habitent un autre quartier ou une autre ville. Que diraient-ils si leurs petits-enfants vivaient carrément à l'autre bout du monde ?

Le phénomène, en vingt ans, a pris une ampleur jamais vue. De plus en plus de jeunes adultes choisissent d'aller faire leurs classes sur un autre continent. Ils en ramèneront une expérience professionnelle et humaine incomparable, et parfois une épouse et des enfants. Il leur arrive aussi de prolonger leur séjour à l'étranger pour toutes sortes de raisons : ils y trouvent des opportunités de carrière qu'ils n'auraient pas eues en France, ils se laissent séduire par le pays et sa culture, par les conditions de vie qu'il offre, etc. Certains reviendront peut-être sur le vieux continent – on n'abandonne pas ses racines si facilement – mais ils n'en parlent pas comme d'un projet immédiat. Ils ne l'envisagent que pour plus tard. En attendant, les enfants qu'ils ont eus sur place ou qu'ils ont emmenés quasiment dès leur naissance, grandissent loin de vous, à des milliers de kilomètres : 9 200 km séparent Shanghai de Paris quand la Malaisie est à 10 400 km et la Nouvelle-Zélande à 19 000 km.

Il vaut mieux faire une croix sur la perspective d'accueillir régulièrement vos petits-enfants le week-end ou à chaque période de vacances scolaires. Dans le meilleur des cas, vous vous verrez deux fois par an – une fois, vous ferez le voyage ; la fois suivante, c'est la petite famille qui effectuera le déplacement. Ces gamins, auxquels vous vous sentez tellement attachés, mais qui vivent sous d'autres latitudes, vous devrez accepter de ne pas les voir grandir. D'un séjour à l'autre, ils auront pris vingt centimètres et acquis une aisance incroyable dans la conversation. Peut-être commettront-ils quelques fautes quand ils s'exprimeront en français avec vous. Normal : ils parlent votre langue avec leurs parents – avec le papa ou la maman seulement si le couple est mixte. Parfois, ils fréquentent une école française. Plus souvent, ils baigneront à longueur de journée dans un autre milieu linguistique, côtoyant des copains de différentes origines, et faisant ainsi, dès leur plus jeune âge, l'expérience de l'international – le mot fait moins peur que celui de « mondialisation ».

Attention au décalage horaire

Entre deux rencontres en chair et en os, heureusement, vous vous brancherez sur Internet pour échanger des nouvelles *via* un logiciel de vidéoconférence comme Skype. La première fois, vous allez un peu tâtonner. Après quelques séances pratiques, vous serez rompu à l'exercice. Plus personne ne s'étonne de la performance technologique qui vous permet, en quelques secondes, de voir apparaître à l'écran la bouille rigolote de votre petit-fils en train d'avaler son goûter, ou de découvrir le dernier tee-shirt à la mode que votre petite-fille a reçu pour son anniversaire. Papa et maman sont à côté, mais dans le champ de la mini-caméra. Il y a quinze ans, au téléphone, vous seriez allés à l'essentiel : le coût de la communication vous imposait la concision. Aujourd'hui, vous pouvez bavarder de tout et de rien sans que rien ni personne ne vous presse. La seule contrainte à laquelle vous devez vous soumettre est celle du décalage horaire. Il est à peine midi chez vous, vos petits-enfants, eux, se préparent au bain du soir ou au coucher.

Que les distances soient abolies, vos petits-enfants trouvent cela tout naturel – ils n'ont pas connu autre chose. Vous, vous ne pouvez vous empêcher de comparer. Vous en restez bluffé. Seul le collectionneur qui sommeille en vous regrette peut-être le temps où l'on s'envoyait des lettres pour se donner des nouvelles : on optait pour le papier le plus fin et le plus léger possible, spécial avion ; on utilisait des enveloppes dont le liseré, tout autour, rappelait le drapeau de la France. Constellé de timbres multicolores, chaque pli reçu en retour était une fête.

Il est adopté, ce petit ?

Autre cas : vos petits-enfants vivent à proximité de vous, en France. Mais l'un de leurs parents vient d'un autre pays. Ce n'est plus rare. Au fil des années, la situation se banalise. Le succès du film *Qu'est-ce qu'on a fait au bon dieu ?* atteste du phénomène : les mariages mixtes appartiennent désormais à notre quotidien. D'où ce dialogue impromptu.

– *« Oh, le joli petit garçon ! Il est adopté ? »*

La scène se passe au square, au pied du toboggan. L'endroit est propice aux échanges entre nounous ou bien entre grands-parents quand ils sont de service. La dame qui vous pose la question a baissé la voix, elle ne veut pas commettre d'impair, ni se montrer indiscrète. Mais non, le petit qui grimpe avec vigueur l'échelle du toboggan n'est pas un enfant adopté. C'est le garçon d'un papa français et d'une maman, française elle aussi, mais d'origine malienne.

Irrésistible, la comédie de Philippe de Chauveron, avec Christian Clavier et Chantal Lauby, ne cache pas les difficultés qui attendent les jeunes couples et leurs familles. Inquiétude du qu'en-dira-t-on, surprise, incompréhension, différences de culture et de traditions : les obstacles ne manquent pas et la partie n'est pas gagnée. La naissance des petits-enfants, heureusement, peut contribuer à apaiser les relations quand elles sont tendues. Une question de regard.

Témoignages

« Avec Skype, on parle de tout et de rien »

Christian a quatre petites-filles, âgées de 2 à 11 ans. Deux d'entre elles ont vécu plusieurs années à l'étranger, en Israël puis en Tunisie où leurs parents étaient en poste.

« L'absence et l'éloignement, nous les avions déjà apprivoisés : notre benjamin est parti travailler à Papeete il y a onze ans. Quant au départ de notre fille et de sa petite famille, il s'est réalisé en plusieurs étapes, ce qui nous a permis de nous faire à l'idée de la séparation. Notre parti pris, dès qu'il a été question du projet, a été de faire confiance au jeune couple. Les destinations, Israël et la Tunisie, étaient un peu chaudes mais mon épouse et moi avons toujours veillé à ne pas dramatiser la situation devant les petits-enfants.

Cela nous a paru important, aussi, de rejoindre nos enfants sur place, dès que nous en avons eu la possibilité. Sur les cinq années qu'ils ont passées hors de France, nous sommes allés les voir trois fois en Israël et quatre fois en Tunisie. Je me rappelle qu'un été, nous avons fêté l'anniversaire de l'aînée de nos petites-filles chez nous, en France. L'anniversaire de sa petite sœur tombait à une date où elle serait repartie à l'étranger. "Dites, papy et mamie, vous pourriez aussi venir au mien, quand même ?", nous a-t-elle demandé gentiment. Mon épouse et moi, on n'a pas eu besoin de se concerter, on a tout de suite accepté...

Avec Skype, les contacts sont faciles. Quand les enfants sont en poste à l'étranger, on s'appelle systématiquement au moins une fois par semaine. Il est arrivé que les filles le fassent toutes seules alors que leurs parents n'étaient pas encore rentrés de leur travail. Elles maîtrisent mieux que nous ! La conversation dure alors de vingt à trente minutes, on parle de tout et de rien. Les petites nous demandent des nouvelles de Thibault, le petit voisin qu'elles rencontrent aux vacances, ou encore du chat de la voisine. Maintenant que la famille est rentrée en France, on les a d'ailleurs moins souvent au téléphone... »

« J'ai pris des cours de mandarin »

Jacques, dont les deux garçons sont installés en Chine, a maintenant trois petits-enfants. Ces derniers, de mamans chinoises, sont nés et vivent là-bas.

« *Dès la naissance du premier de nos petits-enfants, il y a douze ans, nous nous sommes posé la question de la culture mixte qui serait la sienne. Ses prénoms l'indiquent déjà : il s'appelle Ulysse – Xiao Feng. Pour nous, il est Ulysse ; pour sa grand-mère chinoise, il est Xiao Feng... Tout de suite, j'ai tenu à approcher la culture chinoise. Pendant deux ans, j'ai suivi des cours de mandarin, langue orale et calligraphie. J'étais le plus âgé du cours, la plupart étaient des étudiants appartenant à une école de commerce... Ces bases m'ont permis de connaître quelques expressions courantes et les salutations, par exemple, suffisamment pour avoir quelques échanges avec notre petit-fils – même s'il parlait français avec son papa, il n'a parlé notre langue à l'école qu'à partir de ses 4 ans – et avec la belle-famille. Chez notre second fils, les deux enfants sont plus jeunes : Anya a 6 ans, Raphaël 3 ans. Dès l'école maternelle, à Shanghai, ils ont pu parler français. Mais leur maman est également chinoise.*

Je me suis également familiarisé avec le calendrier chinois et les fêtes importantes qui soudent la vie des Chinois, pour ne pas commettre d'impair et ne pas donner l'impression que nous sommes complètement étrangers à ce que les petits-enfants vivent. Pour la même raison, mon épouse et moi avons beaucoup voyagé à travers la Chine pour en connaître les différentes régions. Nous nous tenons informés aussi de l'actualité du pays. Quand nous avons les petits-enfants sur Skype et qu'ils nous disent qu'ils n'ont pas pu aller à l'école à cause d'un pic de pollution à Shanghai ou des manifestations étudiantes à Hong Kong, nous ne tombons pas des nues ! L'été dernier, ses parents nous ont laissé Ulysse et un de ses copains chinois une semaine à la maison. Notre petit-fils était très fier de se sentir chez lui. Très heureux également de voir que son copain s'y plaisait et que nous pouvions échanger sur les modes de vie de nos deux pays. »

« Avec ce petit monde, je parle français »

Jean-Marc est grand-père de huit petits-enfants. Six d'entre eux vivent ou ont vécu à l'étranger, de la Belgique à la Lettonie.

« Nous ne voyons plus beaucoup l'ainée de nos petits-enfants, Anastasia, 21 ans, qui vit à Riga, en Lettonie. Son père, notre fils cadet, y a travaillé plusieurs années ; sa mère est d'origine russe. Anastasia est à son tour maman – ce qui nous a valu le statut d'arrière-grands-parents alors que j'avais seulement 72 ans. Notre lien avec elle a été très fort parce qu'on l'a beaucoup gardée toute petite... De temps à autre, nous pouvons échanger par texto. Elle aime bien revenir en France et nous nous apprêtons à la recevoir pendant un mois avec son petit Arthur.

Nos relations avec son frère et sa sœur, qui ont d'abord vécu en Lettonie eux aussi, passaient alors essentiellement par Skype, une fois par semaine. À l'époque, nous ne nous rencontrions physiquement qu'une fois par an, et c'était dur pour ces enfants de créer des liens avec des images d'écran.

Notre fils et sa famille ont ensuite habité en France pendant trois ans. Nous les avons hébergés à la maison pendant cinq mois, ce qui change forcément nos relations. Puis ils se sont installés à un quart d'heure de chez nous : nous avons vraiment appris à nous connaître.

Notre fils aîné, son épouse et leurs trois enfants vivent pour leur part à Bruxelles. Nos échanges passent plutôt par le téléphone. Nous essayons de nous rencontrer deux fois par an, une fois chez eux, une fois chez nous. C'est difficile dans ces conditions de créer une réelle complicité... Heureusement que le papa nous donne régulièrement des nouvelles de ses enfants !

Le troisième de nos fils habite avec les siens à une demi-heure de chez nous. Son épouse et lui ont acheté une vieille maison : pour les petits, qui ont six et trois ans, je suis un peu le papy bricoleur ou jardinier. Quand ils viennent chez nous, je suis le papy qui allume le feu dans la cheminée...

Ces dernières années, nous avons encouragé le plus possible les rencontres entre les cousins qui habitaient dans notre ville. Nous avons fabriqué un tipi avec des branches coupées dans nos arbres, et des chapeaux d'indien avec des plumes trouvées dans les bois... Je retrouve chez Alex le petit garçon blond et maigrichon que j'étais, intéressé par tout ce qui m'entourait ; j'étais sans doute un peu pleurnichard comme Joshua, et gourmand comme Aurèle. C'est drôle de pouvoir se revoir dans les générations qui suivent...

Avec tout ce petit monde, même quand ils habitaient à l'étranger, j'ai toujours parlé français, même si je connais deux ou trois mots de politesse en russe. Du côté de nos petits-enfants de Bruxelles, dont la maman est anglaise, l'échange se fait également en français : les enfants ne comprennent pas mon charabia d'anglais, eux qui le parlent couramment. Ils sont tous bilingues, même leur mère, alors c'est plus simple pour moi... »

Notes

Acte 8

Quand ils grandissent

Décidément, vous n'aurez pas vu le temps passer. Votre petit-fils, votre petite-fille, voilà qu'ils sont déjà des préados. Peut-être même sont-ils carrément en pleine adolescence. Mais vous, vous restez un grand-père débutant. Ces nouvelles étapes, ce sont autant de découvertes pour vous. Plus que jamais, vos petits-enfants vont aimer vous livrer des confidences. Soyez disponibles pour eux !

Quand ils grandissent, leurs textos remplacent leurs cartes postales

La carte postale de vacances, vous risquez de l'attendre longtemps. Idem pour le petit mot à l'occasion de votre anniversaire. Préparez-vous plutôt au texto, à Snapchat ou Instagram !

Reportez-vous quinze ans en arrière. Les cartes postales que vos enfants avaient envoyées à leurs grands-parents décoraient leur cuisine. Il y en avait tout un mur, ce qui permettait de suivre les pérégrinations des uns et des autres et de remarquer au passage le petit-fils ou la petite-fille qui avait oublié de donner signe de vie pendant ses vacances – il pouvait prétexter le fonctionnement aléatoire des postes étrangères, ça marchait une fois, mais pas deux étés à la suite !

Vos éléments de cuisine à vous risquent de ne pas afficher grand-chose. Vos enfants ont la trentaine. Ils auront été les derniers à envoyer des nouvelles en recourant aux services postaux. Déjà, au fil des années, vous sentiez les habitudes changer… Alors, ne parlons pas d'aujourd'hui !

Les parents devaient insister un peu…

À 10 ans, quand on était gamin, la lettre à papy et mamie faisait partie des figures imposées. Vos parents, parfois, devaient insister un peu. À la deuxième relance, vous aviez compris : inutile d'implorer un délai supplémentaire ! Si la famille était sévère et attentive à l'orthographe, on vous conseillait vivement de commencer par un brouillon. Après seulement, vous pouviez passer au propre. Prévoyants, les fabricants de papier à lettres vous offraient le fameux guide-âne : c'était même la première feuille du bloc. Vous la détachiez et la placiez sous la page où vous alliez rédiger votre missive ; les lignes noires apparaissaient en transparence, vous n'aviez plus qu'à les suivre avec application pour écrire. Au bout du compte, vous étiez assuré d'offrir au destinataire une lettre impeccable.

Autrement plus spontané !

Tout ceci appartient au passé. Connaissez-vous même l'écriture de votre petite-fille ? Vous n'en êtes pas sûr. Mais avant de rouspéter contre les belles traditions qui se perdent, posez-vous la question : et vous, votre dernière grande lettre manuscrite à vos enfants, ou bien à vos vieux amis de lycée, elle remonte à quand, au fait ?

Vos petits-enfants font comme vous : ils n'écrivent plus beaucoup, mais ils continuent de donner souvent de leurs nouvelles, et d'en réclamer aux autres. Ils ont recours au mobile et surtout aux SMS et autres Facebook, Snapchat ou Instagram – ça, c'est moins votre domaine. Dressez la liste du pour et du contre. Côté négatif : ça n'incite pas à soigner son orthographe ; c'est plutôt succinct et vous restez un peu sur votre faim ; et vous ne pouvez pas afficher les messages sur votre réfrigérateur comme vous le faisiez autrefois avec les cartes postales. Côté positif : c'est plus facile à lire que les pattes de mouche que vous aviez du mal à déchiffrer ; et puis votre petit-fils pense à vous, il vous embrasse à distance et vous le savez dans l'instant ! Les échanges sont moins solennels, mais ils s'avèrent autrement plus fréquents. Enfin et surtout vos petits-enfants n'ont pas besoin d'être encouragés ou rappelés à l'ordre : ils vous envoient des textos de façon spontanée, à l'improviste et tous les prétextes sont bons…

Quand ils grandissent, on préfère les tête-à-tête

Nos petits-enfants, on les aime tous, évidemment ! On adore les avoir tous ensemble parce qu'ils forment alors une sacrée tablée à l'heure du repas, et une joyeuse petite bande quand le temps est venu de se dégourdir les jambes. Il n'empêche qu'on éprouve parfois le souhait de les voir chacun en particulier.

« Quand je les réunis ensemble sans tenir compte de l'âge, ça ne colle pas. Au début, ça marche, les frères et les sœurs, les cousins et les cousines sont excités à l'idée de se retrouver et la gaieté l'emporte. Mais ça ne dure pas : au bout de dix minutes, ils commencent à avoir du mal à se supporter. Je comprends complètement leur réaction : chacun voudrait avoir papy pour lui tout seul ! »

À ce jeu-là, grand-père débutant risque d'être rapidement débordé. À tout propos, les petits entendent ajouter leur grain de sel. Les grands, forcément, les rembarrent *illico*. Quand les filles tentent de raconter leur semaine, les gars ricanent entre eux. Si les garçons posent une question sérieuse, c'est aux filles de pouffer de rire. Au mieux, grand-père se transforme en maître d'école, distribuant les temps de parole, chrono à la main. Au pire, faute de siffler la fin de la partie, il prend un peu de champ, laisse s'installer le brouhaha et n'intervient qu'en dernier ressort pour éviter que le déjeuner ne se transforme en pugilat. Papy se laissera prendre au piège une fois, mais pas deux. Il le comprend assez vite : le tête-à-tête constitue une bonne alternative. Il permet d'instaurer une relation privilégiée entre l'hôte du jour et papy. L'espace d'un repas, les deux deviseront en toute sérénité. Un cadeau comme ça, même papa et maman n'ont pas le temps d'en offrir... Mais pour que ça fonctionne, encore faut-il connaître et respecter quelques règles.

Neuf conseils pour que ça marche

- ***Si vous prévoyez un déjeuner ou un dîner*** avec votre petit-fils, ou votre petite-fille, commencez par prévenir ses parents, mais, ensuite, adressez-vous directement à l'enfant, sans intermédiaire, pour lancer l'invitation. Une façon de signifier qu'à vos yeux il ou elle est désormais un interlocuteur à part entière.

- ***Où l'invitez-vous :*** à votre domicile ou bien au resto ? Les deux solutions ont leurs avantages respectifs. Symboliquement, l'option restaurant peut représenter un degré supplémentaire dans la confiance accordée à votre jeune convive.

- ***Le menu.*** Nous avons abordé le thème en évoquant « les frites de grand-père ».

- ***La conversation.*** Votre invité, enfin, ne risque plus d'être interrompu par le petit frère ou la petite sœur qui tient à se faire remarquer de peur qu'on le (ou la) zappe. Ne vous sentez pas obligé de meubler, mais préparez quelques sujets possibles : les relations avec ses frère et sœur, justement, mais aussi l'école, le foot ou la danse, les prochaines ou les dernières vacances, la nouvelle saison de The Voice, etc.

- ***Ne transformez le repas ni en interrogatoire de police, ni en divan de psy.*** Vous êtes prêt à entendre ses confidences, mais vous ne les exigez pas. Peut-être même vous séparerez-vous sans en savoir beaucoup plus sur le bonhomme ou sur la demoiselle avec qui vous avez passé une heure et demie.

- ***Pensez à jouer le jeu.*** Votre petit-fils, ou bien votre petite-fille, attend de vous que vous fendiez aussi un peu l'armure. Quelques souvenirs personnels sur votre jeunesse et celle de vos enfants pimenteront vos échanges.

- ***« Et toi, papy, qu'est-ce que tu en penses ? »*** Ne vous défilez pas quand l'enfant cherche à connaître le fond de votre pensée sur tel événement d'actualité, tel artiste, telle œuvre d'art, telle mode. Et ne vous sentez pas obligé d'être à tout prix en accord avec ses propres opinions. À l'écoute de vos convictions et de vos valeurs, il cherche à forger les siennes, quitte à se montrer en parfaite opposition avec vous.

- ***Diplomatie :*** si vous invitez l'aîné d'une fratrie, pensez au cadet la fois suivante. N'oubliez pas non plus ses cousins. Instituez un tour : la formule fera l'unanimité. Elle peut même devenir un enjeu, une sorte de rite initiatique à l'occasion d'un anniversaire marquant – 7 ans, 10 ans, 12 ans. « Quand tu auras tes 7 ans, papy sera drôlement heureux de t'inviter. Mais patience, tu dois attendre encore un peu ».

- ***La première fois, prévoyez par exemple un tête-à-tête*** entre hommes. Ou bien entre vous et votre petite-fille – surtout, ne jouez pas les machos ! Mamie comprendra très bien et vous imitera avec les autres petits-enfants. Et puis n'oubliez pas : un déjeuner à trois ou quatre, c'est aussi super sympa !

Quand ils grandissent : un coup de main à papy pour l'ordi

Face à l'ordinateur ou à la tablette, ils se débrouillent comme des chefs. Parfois, grand-père fait appel à leur aide.

Au collège voisin, le prof de techno a eu l'idée de mettre ses élèves à contribution. Mission : accompagner les seniors du quartier dans leur apprentissage informatique. Une fois par semaine, les ados guident les aînés à travers les méandres des logiciels et des fonctions. Le service s'adresse aux papys et mamies confirmés. À leur âge, 70 ans ou 80 ans, ces grands-parents ne sont évidemment plus des débutants pour les choses de l'existence. C'est face à l'ordinateur, aux tablettes et autres smartphones qu'ils sont novices. Ils ont quitté trop tôt la vie professionnelle : ils ont pris leur retraite avant que tout ce matériel ne s'installe en maître dans les bureaux, les ateliers, les magasins et les maisons.

Et avec mes photos, je fais quoi ?

S'ils n'ont pas la chance d'avoir près de chez eux un collège ou une association susceptibles de mobiliser leurs troupes, ces seniors prennent parfois l'initiative. Ils font signe à leurs petits-enfants. Un coup de fil et hop, une promesse de coup de main... le prochain week-end ou bien aux futures vacances scolaires.

Elle est formidable et drôlement efficace cette complicité entre les générations. « *On a toujours besoin d'un plus petit que soi* », sourit une mamie. « *Avec mon mari, on s'est mis aux photos numériques – de toute façon, on pouvait difficilement y échapper. Faire un cliché, ce n'est d'ailleurs pas un problème, c'est après qu'on a commencé à se poser des questions. On était complètement noyé...* » Leur petite-fille, âgée de 15 ans, est venue à leur secours. Elle a montré comment transférer les photos depuis la carte mémoire jusque sur l'ordinateur, comment les classer, comment les envoyer à la famille et même comment réaliser un album photo par Internet en téléchargeant les photos, en choisissant la mise en page, en glissant les clichés. « *Maintenant, on se débrouille. Quand ça bloque, on demande conseil – on n'appelle pas Manon au téléphone, on trouve ça trop intrusif, on lui envoie un message. C'est rare qu'elle ne donne pas suite !* »

Attends, va moins vite !

Les travaux pratiques avec les petits-enfants tournent autour des notions de base. Parfois, grand-père réclame tout de même une deuxième explication. Les ados, à ses yeux, vont un peu trop vite. Et que j'appuie sur cette touche, et que je fasse disparaître la page qui était affichée sur l'écran, et que je clique sur l'icône qu'on n'avait même jamais remarquée, etc. On croirait un joueur de bonneteau, vous savez, celui qui vous embrouille et gagne à tous les coups ; sauf qu'à vos petits-enfants, vous pouvez faire pleinement confiance. Vous pouvez même demander une faveur : « *Attends, montre-moi à nouveau ce que tu as fait. OK* ».

Auréolé de son rôle de tuteur, le petit-fils ne rechigne pas; il se moque parfois de l'ordinateur qui rame, mais, avec vous, il fait preuve d'une patience inattendue et de qualités pédagogiques évidentes. Mais le mieux, c'est la façon qu'il a de dédramatiser l'affaire : *« C'est pas compliqué, tu vois... »*

Ces logiciels, leurs raccourcis, leurs applications, les gamins sont nés avec. Alors, ils jouent, ils jonglent, ils slaloment à l'instinct. Et si vous posez une question à laquelle ils ne savent pas répondre – il faut quand même se lever tôt pour réussir à les coller ! – *« Pas de problème, papy, je vais demander à un pote »*. Les copains de leur âge sont tous au diapason. C'est la génération qui veut ça, comme il y a trente ou quarante ans, certains ados connaissaient par cœur toutes les caractéristiques mécaniques des nouveaux modèles de voitures.

Le soutien proposé aux seniors pour qu'ils se familiarisent avec l'informatique et Internet ne s'adresse pas, on s'en doute, à ces blancs-becs de grands-pères débutants qui, à 50 ans et des queues de cerise, jouent les « Messieurs je-sais-tout ». Ils regardent d'ailleurs avec une moue ironique et un rien de condescendance les grands-pères plus âgés. Côté nouvelles technologies, ils sont top. C'est leur quotidien comme celui de leurs enfants.

Il n'empêche, la virtuosité des gamins les impressionne. Scène vue sur un quai de gare : Deux quinquas devisent ensemble, chacun son mobile à la main. Il est question de fond d'écran. *« C'est Léa qui l'a choisie. Une photo d'elle aux dernières vacances, ça prouve que ça lui a plu et moi, ça me fait plaisir »*. Le lendemain, à bord d'un TGV, un autre passager s'excuse de la sonnerie un peu bruyante de son téléphone – de quoi réveiller tous les voyageurs de la rame. Lui, c'est un grand-père qui a la soixantaine : « *J'ai laissé faire ma petite-fille. Elle y tenait* ». La musique est punchy et syncopée, et ça donne dix ans de moins à papy...

Nouvelles technologies : le petit-fils joue les consultants

Les petits-enfants sont tout à fait à l'aise avec les nouvelles technologies. Est-ce important qu'ils puissent aider leur grand-père ?

Réponse du Docteur Alain Braconnier, psychologue, psychiatre, et auteur de nombreux livres, dont *L'enfant optimiste* (Odile Jacob, 2015) et *On ne m'écoute pas* (Odile Jacob, 2017).

« Par le passé, les petits-enfants ont souvent apporté de l'aide à la génération de leurs grands-parents. Ils donnaient un coup de main à l'atelier ou dans les champs. Le phénomène, aujourd'hui, est différent : les préadolescents en savent beaucoup plus que leurs grands-parents dans certains domaines. Les nouvelles technologies en sont l'illustration quotidienne.

L'important tient au sentiment de fierté réciproque qui s'installe. Une fierté pour tout le monde. Le grand-père est très heureux de voir son petit-fils ou sa petite-fille maîtriser l'outil avec autant de facilité; et les petits-enfants sont très fiers qu'on s'appuie sur eux, qu'on fasse appel à leurs compétences. Cela crée un climat de confiance et de complicité qu'il faut tout à fait encourager.

Le grand-père ne doit pas hésiter à solliciter ses petits-enfants. À une réserve près : il doit faire attention à ne pas se disqualifier lui-même aux yeux du jeune. L'enfant doit rester fier de l'image qu'il a de son grand-père ».

Quand ils grandissent, ils en ont ras le bol des parents et se confient à papy

Contre leurs parents, ils sont complètement révoltés. Dégoûtés, comme ils disent. Le grand-père que vous êtes peut jouer les diplomates.

Autour de la table, ça ressemble parfois à un camp retranché. Chacun reste campé sur ses positions. L'ado semble faire la gueule à longueur de repas. Son père – votre fils – ne supporte plus les bouderies interminables, la nonchalance affectée, ou au contraire l'agressivité de son aîné. Tantôt le garçon lui lance des méchancetés à la figure, tantôt il l'ignore, et il ne fait pas semblant. *« Tu as vu l'exemple que tu donnes à tes frères et sœurs ? C'est pitoyable ! »*, s'attriste le papa.

Si vous déjeunez tous ensemble, vous vous trouvez le témoin de leurs passes d'armes. Témoin involontaire et totalement démuni : vous donneriez cher pour être ailleurs qu'au milieu de la ligne de tir ! Quand vous revoyez le film de la journée, vous vous étonnez de voir votre petit-fils mieux s'entendre avec vous qu'avec ses parents. Comme s'il était plus à l'aise. Comme si, avec vous, le terrain n'était pas aussi miné. Alors vous vous interrogez : et si les deux parties attendaient quelque chose de vous ? Et si la balle, maintenant, était dans votre camp ?

Aider le papa à prendre du recul

Vis-à-vis des parents qui vous paraissent décontenancés et découragés, votre place est toute trouvée : il faut les aider à prendre du recul. En faisant appel à leurs souvenirs, pour commencer : leur propre adolescence n'a pas été non plus un long fleuve tranquille, non ? Cela vous ramène vingt ans en arrière : vos jeunes vous exaspéraient parfois, ils vous mettaient en colère ou vous nouaient l'estomac. Il leur arrivait, à eux aussi, de ne plus vous adresser la parole autrement que pour regimber, répondre avec insolence ou se moquer de vos travers.

Évoquer avec vos enfants leurs années de jeunesse permet de dédramatiser ce qu'ils vivent à leur tour. C'est également l'occasion de les inciter à relativiser la situation : bien sûr qu'il est désagréable et hargneux leur fiston, mais il ne se drogue pas, il n'a pas sombré dans la délinquance – et c'est déjà beaucoup ! Le fait que vous preniez la défense de votre petit-fils ne sera pas forcément bien vu. Préparez-vous à entendre certains reproches :

– *« Tes recommandations, c'est fastoche. Avec Jérémy, tu joues au papy cool, mais tu ne te le coltines pas tous les jours, ça se voit ! Avec toi, il en profite... »*

Il y a sûrement du vrai dans le constat du papa. Vous n'avez pas la responsabilité directe et continue de cet adolescent en crise. Vous n'avez pas à le gérer au quotidien. Votre position est plus commode, exact ! Mais ce n'est pas une raison pour démissionner de votre job de papy négociateur.

Écouter et dialoguer, sans jouer au démago !

Vis-à-vis de votre petit-fils, la priorité est d'ouvrir grand vos oreilles. Ses parents n'en ont pas forcément le temps, ni la patience. Vous, plus rien ne vous presse. Faites-le lui sentir – cessez de regarder votre montre en permanence quand il est avec vous. Votre disponibilité est à elle seule un gage d'ouverture, c'est le premier cadeau à lui offrir en signe de bienvenue. Ensuite, ne vous montrez pas indiscret, ne cherchez pas à connaître ses secrets – il vous les dira de lui-même s'il en éprouve le besoin et s'il se sent suffisamment en confiance.

Tôt ou tard, votre petit-fils déversera ce qu'il a sur le cœur contre son père. Un « vieux » – comme il dit – qui n'est jamais satisfait, qui demande toujours plus à son fils, à l'école, à la maison, dans les relations avec les autres. Un paternel qui donne l'impression d'être constamment sur le dos de son garçon, qui lui demande des comptes pour tout ou rien, qui paraît le fliquer du matin au soir. Ses rancœurs, votre ado va vous les confier comme il les partage aussi avec ses copains au collège. Mais il n'en attend pas la même chose. À vous de rester prudent et d'éviter le piège de la démagogie. Face à votre petit-fils qui dit tout le mal qu'il pense de son ringard de père, vous pouvez manifester de la disponibilité et de l'écoute, mais votre rôle n'est pas d'ajouter à ses récriminations, ou d'exacerber ses critiques et ses ressentiments.

Ton fils vaut mieux que tu ne le crois. Ton père t'aime bien plus que tu ne l'imagines. Voilà le discours à tenir à l'un et à l'autre, exemples concrets à l'appui. Ne jouez pas le donneur de leçons, mais plutôt le pompier de service. Ou mieux encore le ramasseur de balles, celui qui redistribue, sans jamais se lasser, la petite balle aux partenaires du court de tennis. Si l'ado et son papa vous laissent terminer votre phrase sans jeter la raquette par-dessus le filet, vous aurez gagné le premier set.

Acte 9

Quelques faux pas à éviter

Certains de vos amis n'ont pas de petits-enfants. Et peut-être en souffrent-ils. Soyez attentifs à la façon dont vous parlerez de votre famille avec eux.
Et votre petit-fils ou votre petite-fille qui montre de l'insolence à votre égard, comment allez-vous réagir avec lui ou avec elle ? Au fait, vous n'auriez pas tendance à les gâter-pourrir ces petits-enfants ? Sachez trouver le juste équilibre.
Il y a, dans chacune de ces situations, quelques faux-pas à éviter…

Les faux pas à éviter… Avec vos amis qui n’ont pas de petits-enfants

Quand un grand-père rencontre un autre grand-père, que se racontent-ils ? Des histoires de grands-pères, naturellement ! Mais à y consacrer trop de temps, attention de ne pas exclure de la conversation, sans le vouloir, un senior qui n'aurait pas de petits-enfants…

Grand-père n'a pas l'habitude de se livrer. Parfois, on lui reproche même de ne pas être assez bavard, de jouer les sauvages de service. Mais branchez-le sur ses petits-enfants, vous verrez le résultat. On ne le reconnaît plus. Heureux, le mot est faible. Il est radieux, quand on évoque son nouveau statut de papy. Il en éprouve une fierté évidente et qu'il ne songe pas à cacher, au contraire. Il pourrait vous parler des heures du prénom si original de sa petite-fille, du poids du bébé à la naissance – *« un sacré morceau, non ? »* – de ses bobos, de ses premiers pas à l'école, de ses premières réussites. D'ailleurs, n'est-ce pas, c'est son portrait à lui tout craché ! Grand-père connaît également par cœur les premières phrases de son petit-fils, ses premières insolences, peut-être sa première punition. Pour papy, le fait de pouvoir évoquer tout cela sans chichis, entre amis, quand on l'interroge sur sa descendance, c'est comme susciter la présence des petits à côté de lui. Avec la surveillance en moins !

« Si je deviens gaga de mes petits-enfants, prévenez-moi ! »

L'échange se tient à l'occasion d'un repas entre amis ou d'un pot entre collègues, au café. Les autres grands-pères de la bande ne sont pas en reste, chacun y va de son anecdote. Ce n'est pas de la surenchère entre papys, seulement un climat de confiance, on se sent en terrain familier.

Les histoires sont le plus souvent rigolotes, ou bien émouvantes. Il n'est pas rare qu'un tel, en parlant de ses petits-enfants, ait soudain la larme à l'œil. Le risque, c'est que la conversation n'en finisse plus de ressasser les mêmes petits événements de la vie familiale.

Or, au sein de votre petit cénacle, il peut arriver que l'un de vous n'ait pas encore de petits-enfants. Au début, il est bienveillant. Il ne se sent pas directement concerné, mais ça l'intéresse. Vos récits de grands-pères l'amusent et attisent un peu sa curiosité. Il peut se dire que ce sera bientôt son tour, tout en pensant intérieurement : *« Si je deviens aussi gaga de mes petits-enfants, j'espère que quelqu'un me préviendra quand même ! »* Mais, à la longue, votre copain pourrait bien se lasser : au mieux, il va trouver le temps long à vos côtés, lui qui n'a rien à dire sur le sujet; au pire, il se sentira même exclu. Les petits-enfants, ce n'est décidément pas son quotidien. Pas sûr qu'il soit au rendez-vous la prochaine fois : *« Si c'est toujours pour radoter avec les affaires de leurs gamins, non merci ! »*

Une source de souffrance...

Avec les années, ça ne s'arrange d'ailleurs pas. Vous ne parlez plus des premiers pas de vos petits-enfants, mais de leurs résultats sportifs, de leurs études, voire de leurs amours. Et votre copain se sent de moins en moins concerné – il n'est pas le seul : à 75 ans, un Français sur cinq n'a pas de petits-enfants ! Vos conversations lui font penser au voyageur impénitent qui n'en finit pas de raconter ses séjours au bout du monde, ou bien au boursicoteur qui rebat les oreilles des amis de ses coups de chance ou de ses déboires.

C'est plus grave si l'absence de petits-enfants constitue justement une source de souffrance pour votre copain, parce que sa fille vient de vivre une énième fausse-couche ou de lui annoncer le nouvel échec d'une PMA (procréation médicalement assistée), ou parce qu'aucun de ses enfants n'a trouvé l'âme sœur, ou parce qu'ils sont résolus à ne pas avoir de progéniture. C'est plus fréquent qu'on ne l'imagine. Autre possibilité : le fils de votre ami vit avec un autre garçon ; sa fille avec une autre femme ; et votre copain redoute de ne jamais avoir de petits-enfants.

Quelle que soit la situation, vos épanchements, s'ils manquent de retenue, risquent de raviver des blessures chez ceux qui n'ont pas votre chance. Vos confidences leur paraîtront égoïstes. À les entendre, l'ami se sentira meurtri et seul. Que faire alors ? Si vous êtes un grand-père heureux, n'en ayez surtout pas honte, évidemment. Mais que votre bonheur ne paraisse pas insultant aux autres. Partagez-le avec discrétion. C'est une question de délicatesse et d'attention.

Un senior sur cinq n'a pas de petits-enfants

Dans une étude consacrée aux grands-parents, l'Institut national de la statistique et des études économiques (INSEE) révèle que, parmi les personnes âgées de 75 ans ou plus, une sur cinq n'est pas devenue grand-parent. Deux raisons possibles :

- Elle-même n'a pas eu d'enfant (14 % des cas).
- Ses enfants n'en ont pas eu (6 % des cas).

Les personnes qui ont eu trois enfants au moins sont quasiment toutes grands-parents. Mais, précise l'INSEE, la situation peut être très différente d'une famille à l'autre. Parmi les seniors qui ont eu trois enfants, une partie n'a qu'un ou deux petits-enfants (11 %), tandis que d'autres en ont dix ou plus (5 %).

L'avis de l'expert :

Comment se comporter vis-à-vis d'amis qui n'ont pas de petits-enfants et qui, peut être, en souffrent ?

La réponse du Docteur François Louboff, psychiatre, auteur du livre *Dire adieu – Petit guide psychologique du deuil* (Payot, 2013).

« Leurs enfants ne peuvent pas avoir d'enfants. Oui, certains patients vivent mal cette situation qui provoque chez eux de grandes souffrances. Cela est plus traumatisant, plus pénible encore, quand ils sont confrontés à des amis qui monopolisent la conversation en parlant de leurs petits-enfants qui sont les plus beaux, les plus intelligents et qui vous rebattent les oreilles de leurs joies et de leurs découvertes de grands-parents.

Pour eux, avoir des petits-enfants est la seule chose qui rende la vie digne d'être vécue. Cet aspect excessif, ce côté égocentrique risquent de nuire à la relation et au bien-être de tout le groupe.

C'est une question d'attention aux autres. Il faut faire preuve de mesure, s'intéresser à la situation et à l'histoire de chacun, et s'adapter en conséquence. Certains seniors ont fait un choix quand ils étaient jeunes, ils n'ont pas souhaité d'enfants et ils assument. Mais en vieillissant, cela peut devenir un manque et être vécu de façon difficile. Il y a aussi des grands-parents qui ont perdu un enfant ou un petit-enfant. Ou ceux dont les enfants sont en pleine démarche de fécondation in vitro ou d'adoption à l'étranger.

Bien sûr, l'absence de petits-enfants chez les autres n'est pas une raison pour évacuer le sujet. On a le droit de parler de sa joie et du plaisir qu'on peut éprouver avec les petits-enfants. L'essentiel est de procéder avec tact. On doit se demander si ça peut déranger ou attrister ses amis. On peut même leur poser la question directement, dans une confiance partagée. »

À trop gâter ses petits-enfants, papy prend des risques

Jouer les grands-pères trop généreux, ce n'est pas un service à rendre, ni aux petits-enfants, ni à leurs jeunes parents. Il faut trouver le juste milieu.

– *« Ton père, il faudrait qu'il arrête de faire des cadeaux tous les mois à ses petits-enfants ! »*

Entendu par hasard dans la rue, ce reproche a quelque chose d'inattendu. Dans les couples, les disputes surviennent parfois parce que l'un des conjoints estime les beaux-parents un peu radins par rapport à leurs ressources. Ce jour-là, c'est exactement l'inverse qui est reproché au papy. Le jeune père de famille l'accuse de trop ouvrir les cordons de la bourse et de se montrer trop généreux avec ses petits-enfants.

Le reproche vient plutôt des seniors

La situation surprend pour une deuxième raison. Généralement, ce sont les seniors qui jugent les jeunes parents trop laxistes dans l'éducation de leur progéniture. Les grands-parents ne peuvent s'empêcher d'établir des comparaisons avec leur propre jeunesse, avec la façon dont ils ont été élevés trente ou quarante ans plus tôt. Ce n'étaient plus les restrictions ni le rationnement de l'après-guerre, mais ce n'était pas non plus l'argent facile ou le grand luxe.

Pas commode de faire la part des choses. Évidemment, c'est une tentation normale pour un grand-père, maintenant que ses enfants sont installés et qu'il n'y a plus de maison ou d'appartement à payer, de vouloir gâter la génération suivante. Il ne cherche pas à acheter ses petits-enfants – le résultat, d'ailleurs, ne serait sûrement pas au rendez-vous : les gamins ont suffisamment d'intuition pour reconnaître le geste désintéressé et celui qui ne l'est pas. Pour le grand-père, heureusement, la question ne se pose pas en ces termes. Il souhaite seulement se faire plaisir en leur faisant plaisir.

Tout est affaire d'équilibre. Si la démarche du grand-père est assez légitime, puisqu'il en a les moyens, encore faut-il qu'elle ne soit pas ostentatoire. Attention à ne pas gêner, ou pire encore, humilier, un gendre ou une bru. Distribuer l'argent sans compter, c'est leur faire sentir, même inconsciemment, la modestie de leur propre situation. Les rabaisser, y compris peut-être aux yeux de leurs enfants.

Devant tant de largesses, le jeune papa peut aussi éprouver une réaction très humaine, sinon de jalousie, du moins de ressentiment. Au même âge, quand c'était lui qui était l'enfant, il n'a pas été habitué aux cadeaux en cascade. Et il se demande pourquoi son père, en devenant grand-père, a tellement changé.

Papa et maman doivent ramer à contre-courant

Le risque est également de contrarier les principes éducatifs que le jeune couple cherche à instaurer et à faire respecter dans sa petite tribu; ce qui n'est déjà pas facile, tant leurs valeurs sont mises à mal, quelquefois, par le mode de vie des copains et la surenchère martelée par les pubs à la télé. Si le grand-père en rajoute à son tour, les parents devront ramer à contresens à chaque fois que leur garçon réclamera un nouveau jouet, un jeu vidéo ou une sortie au ciné. Un cadeau doit avoir du sens. Jouer le père Noël tous les mois, de fait, c'est abusif, et certainement pas éducatif.

Enfin, il s'agit de faire attention à ne pas habituer les petits-enfants à trop de facilité. S'ils en viennent à considérer leur grand-père comme un distributeur automatique de billets, la sincérité des relations s'en trouvera faussée. Le jour où papy viendra les mains vides, le gamin aura du mal à comprendre, sans parler des conséquences à plus long terme : les petits-enfants pourraient bien tomber de haut en replongeant, quelques années plus tard, dans la vraie vie.

Le conseil de Dadou

Oui, vous pouvez vous montrer généreux envers vos petits-enfants. C'est naturel d'aimer récompenser et faire plaisir à ses descendants. Mais restez dans les limites du raisonnable. Il y aurait de l'indécence à tomber dans la prodigalité, dans l'excessif, dans la démonstration exagérée. Dans ce domaine, tout ce qui sera systématique et injustifié ne pourra que nuire aux bonnes relations entre générations.

Divorce : ce que les petits-enfants attendent des grands-parents

120 000 à 130 000 couples français divorcent chaque année. Une réalité qui a forcément des répercussions sur les grands-parents : soit parce qu'ils se voudront plus attentifs aux enfants, au risque de vouloir trop les gâter; soit qu'ils seront davantage mobilisés pour s'en occuper.

Depuis cinq ans c'est la moyenne :

- la France enregistre 4,4 à 4,6 divorces pour 10 mariages. Chaque année, les tribunaux prononcent en effet entre 121 000 et 130 000 divorces.
- Deux tiers d'entre eux impliquent au moins un enfant mineur, constate l'INSEE. Précision : l'enfant a 9 ans, en moyenne, lors de la séparation officielle de ses parents. Un enfant sur deux va changer de logement à l'occasion de ce divorce.

- Globalement, 2,9 millions d'enfants mineurs ne vivent plus au quotidien entre leurs deux parents.

À la lecture de ces statistiques, un peu sèches et dépersonnalisées, on mesure combien les grands-parents peuvent être concernés quand un jeune couple choisit ou se trouve dans l'obligation de rompre.

L'Union des familles en Europe a réalisé une enquête intéressante auprès d'un peu plus de 1100 adultes qui ont été confrontés au divorce de leurs parents, quand ils étaient enfants.

- ***L'attente des petits-enfants.*** De leurs grands-parents, les enfants de divorcés attendent soutien, affection et amour. Ils souhaitent également que les grands-parents jouent la carte de l'apaisement auprès du couple plutôt que de jeter de l'huile sur le feu.
- ***Ce dont ils sont reconnaissants à leurs grands-parents.*** « Ils ont fait le maximum pour nous, matériellement et affectivement ». « Mon grand-père a remplacé mon père ». « Ils nous emmenaient avec eux, ils nous ont gardés longtemps ».
- ***Chez les grands-parents, un climat pacifié.*** « Chez eux, nous trouvions un havre de paix ». « Ils nous ont aidés, nous enfants, à conserver une vie normale, à ne pas devoir devenir trop tôt adultes ». « Ils m'ont expliqué la situation, ils ont su mettre des mots sur ce qui se passait à ce moment-là ».

Quelques faux pas à éviter...

Avec un petit-fils qui vous parle mal

Vous n'êtes pas sûr de le reconnaître. Votre petit-fils ou votre petite-fille vous a « mal parlé ». La façon dont il ou elle s'est adressé(e) à vous, cette insolence et ce dédain, non, ce n'était pas lui, ce n'était pas elle. Mais si !

Depuis des années, vous ressentiez une véritable complicité avec votre petit-fils. Parce que c'est l'aîné de vos petits-enfants, parce que vous avez des tas de souvenirs en commun et de bons moments partagés : des après-midi au cinéma quand il était plus jeune, le restaurant avec mamie, les soirées foot au stade...

Soudainement, tout se passe comme si l'ado avait effacé tout cela de sa mémoire. Vous n'en revenez pas : aux dernières vacances, il s'est montré distant et insolent surtout. Quand il vous parlait, tantôt il avalait ses mots sans vous regarder – et vous vous demandiez si vous aviez encore perdu un peu d'acuité auditive – ou bien au contraire, il vous apostrophait en haussant la voix. Il donnait l'impression de s'adresser à ses copains. Autrefois, on aurait dit que le gamin se montrait effronté. Ce n'est pas exactement le mot qui convient pour définir ce que vous ressentez aujourd'hui ; vous avez perçu quelque chose qui résonnait comme du mépris dans sa voix. Ce jour-là, vous cherchiez à régler la télé, à télécharger une chanson sur un site légal bien entendu, ou à vous fabriquer un album photo sur Internet. Il vous a pris de haut. *« Bah, laisse tomber ! »* L'air de dire : *« Mon pauvre vieux, c'est bien trop compliqué pour toi, tu n'y arriveras pas... »*

Un autre jour, il a montré la même impatience. À propos d'un désaccord peut-être. Vous ne compreniez pas d'emblée son raisonnement, ses réticences ou sa révolte. Vous avez tenté d'exprimer un doute ou une question. Cette fois encore, vous n'êtes parvenu qu'à lui arracher ce *« Bah, laisse tomber ! »*

Vous vous sentez blessé

Sa réaction vous a décontenancé et meurtri, parce qu'elle était inattendue – quelques mois plus tôt, vous vous sentiez sur la même longueur d'onde, capables de rire des mêmes plaisanteries. Son comportement vous paraît d'autant plus injuste et dur. Et parce que vous êtes blessé, vous oubliez de relativiser.

L'adolescence, vous savez pourtant ce que c'est. La vôtre, évidemment, est un peu lointaine et, de toutes les façons, vous ne vous seriez pas autorisé à parler sur ce ton à vos parents et grands-parents. Vos enfants aussi ont traversé leur crise d'adolescence, mais c'était différent. Vous étiez plus jeune, plus guerrier peut-être, plus sûr de vous-même. Vous étiez surtout davantage accaparé à l'extérieur et les soucis du métier faisaient vraisemblablement passer au second plan vos déconvenues de papa d'ado. Tandis qu'aujourd'hui vous avez tout le temps de ressasser votre déception devant ce que vous considérez comme une preuve d'irrespect.

Choisissez un moment plus apaisé

Ne cherchez pas à lui faire entendre raison ce jour-là. Il n'est pas en état de vous comprendre. Et c'est réciproque. Mais profitez d'un moment plus calme, plus apaisé et dites-lui ce que vous avez sur le cœur. Sans paraître à votre tour agressif, ni tomber dans la leçon de morale. À votre petit-fils, dites que vous n'avez plus les mêmes centres d'intérêt que lui, ni les mêmes façons de réagir, et que c'est normal. Il n'aime pas qu'on le juge, qu'on lui fasse des reproches en public, qu'on le prenne pour un nul. Dites-lui que c'est pareil pour vous. Ça vous fait mal d'être cassé ou « bâché ». Il vous trouve démodé, un peu *has been*. Est-ce qu'il n'exagère pas un peu ? Et puis posez-lui la question : est-ce qu'il préfère un papy sincère, ou un papy qui ferait semblant d'être encore ado ? Un papy qui refuserait de nouer ses lacets, s'habillerait en baggy, se ferait rajouter des dreadlocks chez son coiffeur et viendrait « s'taper l'incruste » quand il parle avec ses potes devant le bahut, est-ce qu'il apprécierait ? Tout bien pesé, ne vaut-il pas mieux que le grand-père reste comme il est, avec ses goûts, ses manies, ses lenteurs ?

Votre petit-fils va hausser les épaules, au mieux il éclatera de rire, comme il y a quelques années. Il aura compris le message : d'une génération à l'autre, on ne vit pas au même rythme et pas avec les mêmes priorités, mais ça n'empêche pas de se montrer de la tolérance et de l'affection.

L'avis de l'expert :
« Les grands-parents l'aiment sans juger »

Le point avec le Docteur J.-D. Nasio, psychiatre et psychanalyste. Il est l'auteur de nombreux ouvrages dont *Oui, la psychanalyse guérit* (Payot, 2016) et *Comment agir avec un adolescent difficile ?* (Payot, 2013).

– Quand un ado manque de respect à ses grands-parents, comment ce comportement s'explique-t-il ?

« Il s'agit d'une réaction de défense. L'adolescent est un être inachevé, en pleine croissance, en pleine maturation. Il en a l'intuition et se sent fragile, vulnérable, menacé. Face à ses parents ou grands-parents qui incarnent la conviction, la fermeté et la loi dans la société, il réagit en voulant se montrer plus fort qu'il n'est. Un petit-enfant de 2 ans dit tout le temps "non" pour s'opposer et s'affirmer ; de la même manière, l'adolescent s'oppose pour permettre à son moi de s'affirmer. »

– Comment réagir ?

« L'adolescent, par le ton qu'il utilise, ne respecte ni la différence d'âge, ni l'expérience des adultes. Ce comportement

appelle trois réponses. La première, c'est la fermeté. Vous regardez le jeune dans les yeux et vous lui demandez qu'il vous regarde aussi. Il faut trouver des mots simples, fermes et entrecoupés de silence. C'est très important le silence : ça donne une sorte de patine à l'autorité. Vous lui direz : "Je ne suis pas d'accord avec ton attitude. Tu peux parler à tes copains comme ça, mais pas à moi. Tu me dois le respect. Ce respect n'est pas pour moi seulement, il est pour toi aussi. Demain, tu voudras être respecté et c'est normal. Nous avons tous besoin qu'en nous parlant, l'autre reconnaisse la valeur de la personne". L'adulte ajoutera : "Aujourd'hui, je te préviens. La prochaine fois, tu vas m'obliger à te sanctionner". »

– Quelle est la deuxième réponse à apporter ?

« *C'est essayer de comprendre ce que cache cette absence de respect. Respecter quelqu'un, c'est à la fois le craindre et l'admirer. Le comportement irrespectueux d'un adolescent indique que celui-ci n'a pas suffisamment peur d'une éventuelle punition ou d'une privation d'amour, et qu'il n'éprouve pas d'admiration, à ce moment-là de son existence, pour ses parents ou grands-parents.* »

– Et comment prévenir ce manque de respect ?

« *Il faut commencer dès l'âge de 3 ou 5 ans, par des gestes et des exigences simples. Ayez pour l'enfant une parole ferme, des mots simples, en parlant de vous et surtout de lui. Cela permet souvent de prévenir les tensions inhérentes à l'adolescence.* »

– Se comporte-t-il de la même façon avec ses parents et ses grands-parents ?

« *Généralement non, et la différence est nette. À l'égard de ses grands-parents, le comportement de l'adolescent est plus tranquille, moins turbulent et moins irrespectueux. La raison en est simple. Devant ses parents, le jeune se sent aimé mais également jugé. Il le ressent comme une menace : un peu comme si ses parents voulaient un autre enfant que ce qu'il est. Au contraire, ses grands-parents, eux, l'aiment sans juger et cela donne à l'enfant, qu'il soit petit ou adolescent, le sentiment d'une plus grande légèreté. L'amour de ses grands-parents pour lui est sans demande de contrepartie : ils l'aiment tel qu'il est, et ce regard sur lui le consolide. »*

Plan de table : papy ne doit pas se laisser déborder !

Si vous invitez enfants et petits-enfants, songez au plan de table. Le détail est plus important qu'il n'y paraît...

Le coup du plan de table, là vous vous êtes planté. Vous vous êtes fait piéger. Un jour où vous receviez tous les enfants, les gendres, les belles-filles, et les petits-enfants – une belle tablée – vous avez hésité à endosser le rôle du *pater familias*, du vieux patriarche qui aurait trôné avec autorité au milieu des convives. Vous vous êtes dit qu'à la longue ça faisait vieux jeu, que ça pouvait donner l'image d'un papy à l'ancienne mode, qui cherche à s'imposer et à régenter toute la famille. Alors, vous l'avez joué discret, et vous avez offert la place centrale à l'un des jeunes de la génération suivante – l'un de vos fils ou de vos gendres. Vous avez réservé la chaise d'à côté à l'une de vos filles ; et vous êtes assis en troisième position. Cela vous paraissait normal.

Présider une table, l'expression est un peu grandiloquente. Mais elle définit bien le rôle qui va avec. Celui ou celle qui, le temps d'un repas, est au centre névralgique, a des devoirs vis-à-vis de la petite assemblée. Il veille à ce que les plats circulent d'un bout à l'autre, que personne ne soit oublié, que la maîtresse de maison ait le temps de s'asseoir. Mais pas que ça ! Le job, c'est aussi de relancer la conversation, de donner la parole à chacun, de faire en sorte que tout le monde y trouve son compte, de trouver une diversion quand les échangent deviennent un peu trop tendus.

Savoir rééquilibrer la conversation au bon moment

Quand on se trouve à la croisée des autres convives, tout va bien, et tout se fait presque naturellement. Seulement, si vous vous trouvez un tant soit peu à l'écart, ça ne fonctionne plus. La discussion, un moment, se passe à l'autre bout de la table et vous voyez à peine celui qui cause. Vous pouvez essayer d'attraper une balle au vol, mais ce n'est pas commode. La voix porte moins, les regards sont tournés vers le cœur de la tablée, et non vers l'extérieur.

De fait, vous vous trouvez dans la peau du spectateur qui n'a plus prise sur ce qui se déroule. Vous sentez bien qu'il faudrait rééquilibrer la conversation, inviter tel ou tel à donner son avis. Mais vous n'êtes pas au bon endroit pour vous immiscer dans les échanges, encore moins pour les orienter.

Ce n'est pas un problème d'ego

Ce n'est pas que ce déjeuner vous soit resté sur l'estomac. Il ne s'agit pas d'un problème d'ego, c'est une question de stratégie et d'efficacité pour contribuer à ce que le repas soit aussi un temps d'échange, agréable et serein.

Ce jour-là, en réalité, vous n'avez pas compris tout de suite ce qui se passait, il vous a même fallu renouveler l'expérience à l'occasion d'une autre fête de famille, pour vous rendre compte de votre erreur. Vous aviez opté pour la discrétion, cela vous a joué un sale tour. Cela s'est transformé en retrait involontaire, vous vous êtes senti un peu frustré et pas très content, au final, du résultat. Depuis, vous avez repris vos habitudes, votre épouse se met en face, et vous prenez bien soin de disposer vos invités autour de vous. Vous vous sentez mieux placé, pour être à leur service.

Le conseil de Dadou

À table, tenez la place et le rôle qui vous reviennent. Sans vanité, mais sans fausse modestie non plus ! C'est vous, avec votre épouse, qui recevez enfants et petits-enfants, alors à vous de présider le repas. Placez-vous au centre, ce sera plus facile pour animer la conversation et veiller à ce que chacun y trouve son compte.

Mais si vous allez déjeuner chez l'un de vos enfants, effacez-vous. C'est à lui de jouer les premiers rôles !

Acte 10

L'abécédaire du grand-père

Vos petits-enfants vont très vite apprendre leur alphabet et ils auront plaisir à le réciter à votre intention, à toute allure, et parfois en sautant à pieds joints par-dessus une lettre ou deux.
Au fait, pourquoi n'auriez-vous pas votre propre alphabet ? Rien que pour vous. Une sorte de mémo pour votre quotidien de grand-père débutant.

A... comme aîné

Ce bébé, il est le premier de vos petits-enfants. Pour l'instant, il n'est pas encore l'aîné. Patience, ça viendra ! Vis-à-vis de cet aîné, vous éprouvez du bonheur, de la fierté, peut-être même un peu d'orgueil : ces sentiments sont normaux. Mais quelques écueils sont à éviter tout de même pour vous qui faites vos premiers pas de grand-père.

Un : ne vous projetez pas sur cet enfant. Il aura suffisamment de son papa et de sa maman qui ne pourront pas s'en empêcher. Ils l'imaginent déjà à l'école, sur le terrain de foot ou au cours de danse, maîtrisant plusieurs langues et les nouvelles technologies dont on n'a même pas encore idée aujourd'hui. Alors n'en rajoutez pas et laissez-le devenir le petit garçon ou la petite fille qu'il ou qu'elle doit être.

Deuxio : si un petit frère ou une petite sœur voir le jour, alors seulement ce premier enfant va accéder au statut d'aîné. Le moment venu, ne le lui rabâchez pas, n'en faites pas des tonnes sur la question. Lui rappeler qu'il est l'aîné, c'est une façon intelligente de le valoriser et de lui apprendre le sens des responsabilités. À sa mesure ! Mais ne faites pas peser sur ses petites épaules plus qu'il n'en faut. C'est entendu : il est le grand frère. Pas davantage. Il n'est chargé ni de surveiller, ni d'éduquer son cadet ou sa cadette. En revanche, il peut le ou la consoler un peu et l'aimer beaucoup. En tant que grand-père, vous pouvez l'aider à endosser ce nouveau rôle. Trop accaparé par le bébé, ses parents n'auront peut-être pas le loisir de le lui expliquer.

B... comme bébé

Les premières semaines, vous n'y résisterez pas, vous allez l'appeler « Mon bébé ! » Rien de plus normal. Prenez garde cependant à trois choses :

- ***Ce n'est pas « votre » bébé à vous.*** C'est celui de votre fils ou de votre fille et de son conjoint. Un bébé, du reste, n'appartient pas à ses parents, encore moins à ses grands-parents. Ce n'est pas une affaire de propriété. Être son grand-père ne vous donne pas de droits sur lui.

- *Attention à la date de péremption du mot « bébé ».* À 2 ans, votre petit-fils ou votre petite-fille va commencer à regimber si vous continuez à l'embrasser en l'appelant affectueusement « Mon bébé », et ils auront raison. Ne parlons pas du pré-ado : il ne supportera pas, surtout si ça se passe devant témoins.
- *Autre piège à éviter : celui qui consiste à « parler bébé » avec vos petits-enfants.* Ne retombez pas en enfance, ce serait leur rendre un bien mauvais service. Les progrès qu'ils vont accomplir en matière de langage, la prononciation des mots, la richesse du vocabulaire, la construction des phrases, rien de tout cela n'est inné. L'enfant l'élabore en entendant ses parents... et ses grands-parents.

C... comme chien

Un chien à la maison, ce n'est pas difficile à gérer quand on est parents. Ça l'est un peu plus quand on est grands-parents. Les conjoints de vos enfants ne partagent peut-être votre amour des bêtes. Le chien qui vient vous lécher et vous baver sur le pantalon ou sur la jupe, tout le monde n'apprécie pas. Et puis, n'est-ce pas dangereux pour bébé? En tant que grand-père, votre rôle est de rassurer, mais pas seulement : il faut que vous preniez aussi toutes les précautions nécessaires. Avec un enfant dans la maison, un enfant qui n'est pas le vôtre, ce n'est plus pareil!

Si votre animal aboie dès que la porte s'ouvre, s'il saute sur le premier visiteur venu et grogne quand un gamin approche, alors la question se pose en effet. En revanche, s'il a l'habitude de voir du monde à la maison, si vous n'hésitez pas à le balader du côté de l'école pour qu'il n'ait pas peur des cris et des bousculades d'enfants, ça marchera. Que cela ne vous empêche évidemment pas de rester vigilant. On ne laisse jamais un tout-petit seul avec un animal. On l'empêche aussi d'aller titiller la bébête dans sa niche ou sur son coussin en lui expliquant que votre chien ou votre chat aime sa tranquillité lui aussi.

Lire aussi page 129 : « Chez grand-père, la chienne est morte ».

D... comme Doudou ou Doucement

Doudou, le mot à lui tout seul est rempli de douceur. Il évoque toute l'affection et la tendresse dont le petit-enfant est capable et qu'il reporte sur un objet fétiche quand vient le moment d'aller s'endormir ou de se reposer. Vous avez dit « douceur » ? Oui, mais attention à la tempête qui risque de se déchaîner si le Doudou manque à l'appel. Ne vous avisez pas de le mettre au lavage si vous avez votre petit-fils ou votre petite-fille en garde : d'abord, Doudou ne sera pas sec à temps, ou bien il ne sera pas reconnaissable, trop rêche, ou bien trop propre, ou bien trop ceci, trop cela.

Un conseil : ayez le sosie du Doudou, soigneusement en réserve dans un tiroir. Un double que vous donnerez de temps à l'autre à l'enfant pour qu'il se l'approprie autant que l'autre, « le vrai ».

À la lettre D, on aurait pu retenir également le mot « Doucement ». Parce qu'il revient souvent dans la conversation de papy ou de mamie. Les petits-enfants débordent d'énergie, ils sont rapides, mais pas toujours délicats. Quand vous leur confiez une assiette pour le couvert, ou bien un livre à feuilleter, n'hésitez pas à reprendre la rengaine : *« Oui, mais doucement ! »* Ou bien : *« Tout doux, mon chéri ! »* Quitte à ce que votre petit-fils, quand il aura 6 ou 7 ans, se moque gentiment de vous en imitant votre voix : *« Papy, quand tu fermes la porte, vas-y-dou-ce-ment ! »*

E... comme j'm'ennuie

Vous ne l'avez pas laissé depuis dix minutes avec son stock de BD que vous le retrouvez, affalé sur le canapé ou bien errant comme une âme en peine entre cuisine et séjour.

– *Qu'est-ce qui ne va pas ?*

– *« J'm'ennuie ! »*

– *Les bandes dessinées ?*

– *« J'les connais toutes ! »*

– *Et si tu dessinais, te remettais aux Lego ou choisissais un DVD ?*

– *« C'est toujours pareil... »*

Pas question de vous fâcher mais, dans ces moments-là, il faut jouer serré et avoir quelques propositions dans votre carquois. Si on écrivait une lettre à ton autre grand-père, ou un mail à ta maman ? Si on apprenait par cœur les paroles d'une chanson ? Si tu me récitais la poésie que tu préfères ? Si tu regardais le catalogue ou cherchais sur Internet un cadeau qui ferait plaisir à tes parents, ou à ton frère ou ta sœur, pour leur prochain anniversaire ? Rien de tel : penser un peu aux autres pour moins penser à soi et à sa petite mélancolie perso.

On peut aussi déplier ensemble le plan de la ville. Allez, tu cherches un endroit où on n'est jamais allés ensemble. Peut-être grand-père n'y a-t-il jamais mis les pieds non plus ! Hop, c'est parti...

F... comme famille

L'adage est connu : on choisit ses amis, pas sa famille. La formule est encore plus vraie quand il s'agit d'une famille recomposée : on se découvre parents ou grands-parents en cours de route, quand l'histoire est déjà commencée, et ça peut compliquer les relations. Il arrive que des petits-enfants n'aient plus seulement deux grands-pères, mais trois ou même quatre. Et puis avant de se recomposer, la famille s'est d'abord décomposée et la rupture a pu laisser des traces.

Au grand-père, ces situations – inédites il y a quelques décennies seulement – devraient inspirer quelques règles de conduite. Il lui faudra conjuguer discrétion et modestie, quelque chose qui ressemble à de la neutralité. Quand il se trouve en présence de ses petits-enfants, il est préférable qu'il ne prenne pas parti et qu'il se garde d'envenimer les rapports entre les uns et les autres. Il lui faudra montrer également la patience et bienveillance vis-à-vis des nouveaux venus – qu'il s'agisse de la compagne de son fils ou du compagnon de sa fille ; du couple que l'ex a pu reconstruire ; ou encore des petits-enfants qui se trouvent intégrés dans la famille.

L'ambition d'un grand-père, dans ces aléas de l'existence, pourrait se résumer en une phrase : que son domicile reste à l'abri des rancunes et des déchirures, qu'il constitue un havre de paix, en priorité pour les petits-enfants.

G… comme glace

Vous souhaitez faire plaisir à vos petits-enfants, n'hésitez pas : la glace fait partie des classiques. Elle est indémodable, indéboulonnable, au même titre que la barbe à papa à la foire, ou que la paille dans le verre de sirop ou de soda. Et ça marche depuis des générations et des générations. Inventée dans l'Antiquité, peut-être chez les Chinois, et connue des Perses, des Grecs et des Romains, elle est arrivée en France à la Renaissance – raconte un grand-père très savant. D'abord réservée à la cour, elle s'est heureusement démocratisée depuis !

Pour les enfants, il n'empêche, la glace garde son côté « fête ». Parce que c'est un plaisir qu'on peut faire durer, que ça rappelle les vacances. Et parce que c'est bon, si on sait ne pas abuser. En France, nous en consommons cinq à six litres par habitant et par an ; et le chocolat, la fraise et la vanille sont nos parfums préférés, indique la Confédération nationale des glaciers de France.

Les fabricants rivalisent d'imagination. On trouve désormais des glaces à la réglisse, au Carambar et au Malabar. Mais aussi à l'avocat et même au marron whisky. Celle-ci, vous éviterez de la faire goûter à vos petits-enfants...

H... comme hurler

Si votre petite-fille se met à hurler, il y a trois possibilités. Elle s'est blessée ou a mal quelque part ; quelque chose lui fait peur ; ou, plus simplement, elle pique une grosse colère. Le caprice, c'est le cas le moins grave, mais pas forcément le plus aisé à régler. On n'est plus au temps de nos propres grands-parents qui n'auraient peut-être pas hésité à vous vider le pichet sur la tête. Il faut donc chercher une autre solution pour calmer la demoiselle.

Réagir en criant avec la même intensité n'est pas d'un effet garanti, sauf si cela crée la surprise. Votre petite-fille, toute décontenancée, va hoqueter une dernière fois et s'effondrer dans vos bras. Option plus sûre : lui parler en baissant votre propre volume sonore, et sans chercher à la raisonner. Avec un peu de chance, votre calme va la désarçonner.

Si rien n'y fait, alors papy peut tout simplement tourner les talons, vaquer à ses occupations et mettre ses oreilles à l'abri dans la pièce d'à côté. Par sécurité, il ne fermera pas la porte derrière lui : il ne s'agit pas d'ajouter à la colère de l'enfant la frayeur ou la tentation de la bêtise !

I... comme images

Enfant, vous étiez sûrement sage comme une image. C'était le compliment d'usage en un temps où les images constituaient la récompense attendue, à la fin de la classe. En un temps où les livres d'images constituaient de jolis cadeaux. En un temps, surtout, où les images étaient immobiles et forcément sages – ce qui ne les empêchait pas d'être pleines de vie.

À l'ère de la vidéo, du numérique, de l'immédiat et du *direct-live*, de la photo qu'on prend et qu'on envoie, dans la seconde, à l'autre bout du monde, ou bien, au collège, à l'autre bout de la classe, le mot « image » n'a plus tout à fait la même valeur. Un film se regarde à la vitesse de 24 ou 25 images à la seconde. Sur Internet, Youtube propose depuis peu des vidéos à 60 images à la seconde. En somme, on peut dire d'un petit-fils qu'il est vivant, rapide, énergique comme une image. Mais s'il se montre également sage, il faut chercher une autre comparaison.

Et puis, attention aux faux-semblants. Il y a longtemps qu'une image, ça se retouche et que ça se truque. Il y a même des logiciels qui s'en chargent. La sagesse n'est parfois qu'une apparence...

J... comme jardin

On a la main verte ou on ne l'a pas. C'est un don et un savoir-faire qui se révèlent tôt dans l'existence. Mais le rattrapage est autorisé, y compris en catégorie seniors. Même sans devenir un expert en horticulture et en botanique, vous serez peut-être tenté de consacrer une partie de votre retraite à l'art du jardin.

En accédant au statut de grand-père, attention danger ! Surtout si vous aimez les jardins léchés, fleuris de variétés fragiles et rares, tout droit sorties des magazines et catalogues spécialisés. Pour peu que le premier de vos petits-enfants soit un garçon et qu'il aime le foot, vous allez vite apprendre à composer avec le ballon. Difficile d'interdire le jardin à un petit-fils plein de vie et d'énergie, sauf si vous avez la chance de disposer d'un square public à proximité et que les jeux de ballon y sont autorisés. Sinon, vous devrez sûrement conclure un traité de partage territorial, une sorte de Yalta des massifs et plates-bandes avec votre footballeur en herbe. Vous lui concéderez un coin du jardin où il pourra exprimer son talent et se défouler.

En contrepartie, n'hésitez pas à sanctuariser un espace et à siffler les hors-jeux. Vos tulipes et vos roses ont le droit de vivre, elles aussi. Au passage, montrez leur délicatesse et leur fragilité au futur Messi, tout en agitant le drapeau de touche. S'il n'est pas sensible à la poésie, il s'inclinera devant l'arbitre.

K… comme kaléidoscope

Cherchez bien : parmi les jeux qui avaient cours quand vous étiez petits, combien en retrouvez-vous aujourd'hui chez vos petits-enfants ? Vous n'allez pas en identifier beaucoup, mais le kaléidoscope est peut-être de ceux-là. Il a survécu à toutes les générations, à toutes les modes, y compris – dans une certaine mesure – à l'envahissement du numérique.

Vous secouez le cylindre, vous regardez en visant la lumière : les fragments de verre colorés se réfléchissent dans les miroirs et l'effet demeure magique. En 2019, l'enfant ne va sans doute pas rester scotché à son viseur des heures durant. Trop d'images le sollicitent par ailleurs. Mais au bout du tube au drôle de nom, ce n'est jamais la même figure qu'il aperçoit, jamais le même décor, et il en est médusé. L'émerveillement du gosse fait plaisir à voir et vous invite à regarder à votre retour, comme autrefois : cette vue que nous offre le kaléidoscope est lumineuse, multicolore, inattendue, gaie. Elle est changeante aussi. Un spectacle qui, en somme, a toutes les qualités du gamin qui regarde dans l'œilleton. À ses côtés, redevenez donc l'enfant que vous étiez.

L… comme lait

Si votre fille ou votre bru allaite, vous allez difficilement pouvoir la remplacer. Si bébé a déjà fait l'expérience du sevrage, ne vous croyez pas sorti d'affaire pour autant. En vous confiant leur progéniture, ses parents auront tout prévu : le couffin, les changes, le biberon et sa tétine, ainsi que le lait adéquat. Sans se montrer pessimiste, il est prudent de penser au pire. Imaginez que la boîte soit presque vide, en tout cas un peu juste pour tenir jusqu'au lendemain. Vous allez devoir courir à la pharmacie ou à la grande surface. Ne vous précipitez pas ; le mieux serait de regarder, avant de partir, à quoi ressemble la boîte qui se termine et d'apprendre l'étiquette par cœur. Que cherchez-vous : un lait premier ou deuxième âge, lait de suite ou bien de croissance ? Et s'il s'agit d'un lait spécial, lequel : anti-régurgitation, lait confort, lait transit ? Avec ou sans lactose ? Et s'il est enrichi, à quoi le voulez-vous : aux céréales, en probiotique, ou encore hypo-allergisant ?

Plus tard, il ne sera plus question de biberons, mais le lait restera éventuellement un sujet d'inquiétude. Vous aurez oublié que votre petite-fille y est allergique et vous l'aurez laissée manger un yaourt, une crème ou une purée ! Elle s'empressera de le raconter à maman ou à papa. Un conseil : faites-vous préciser par écrit tout ce qui est interdit ou déconseillé à l'enfant qu'on vous confie. Et gardez la liste à portée de main.

M... comme (dire du) mal

D'une façon générale, il vaut mieux ne dire du mal de personne. Ce principe de précaution et de « savoir vivre ensemble » est encore plus vrai quand votre interlocuteur ou votre témoin est l'un de vos petits-enfants. Vous ne vous adressez pas à lui, vous croyez qu'il est accaparé par un jeu et qu'il ne vous écoute pas. Détrompez-vous : les grandes oreilles sont aux aguets, même quand ce n'est pas intentionnel. Votre petit-enfant va vous démontrer au passage une extraordinaire capacité à faire plusieurs choses à la fois. Être concentré sur un puzzle ou sur ses Lego ne l'empêche pas d'avoir les antennes de réception qui fonctionnent parfaitement. Alors attention à ce que vous dites !

Au fait, de qui pourriez-vous dire du mal ? Contester les manières de faire du papa ou de la maman, critiquer l'éducation qu'ils donnent – ou ne donnent pas –, commenter leurs dépenses ou leur train de vie : voilà exactement ce qu'il faut éviter. Vos propos risquent de ne pas être compris – ou d'être trop bien compris –, d'être répétés ou déformés. Et puis, si vous aimez avoir autour de vous des gens bienveillants, commencez par l'être vous-même et donnez le bon exemple à vos descendants quand ils passent quelques jours à vos côtés.

N… comme père Noël

Vous ne croyez plus au père Noël depuis longtemps. On s'en doutait, mais ce n'est pas une raison. Vous trouvez qu'on abuse de la naïveté des gamins en les entretenant dans l'illusion pendant trop d'années. C'est évidemment votre droit, mais celui-ci (votre droit) ne va pas plus loin. En clair : vous n'êtes pas chargé d'alerter vos petits-enfants. Qu'une grande sœur sème le doute dans l'esprit du petit frère ; qu'une nounou fasse une gaffe ; que la maîtresse, à l'école, lève un coin du voile : enregistrez, pensez-en ce que vous voulez, mais n'allez pas plus loin !

Essayez de revenir vingt ou trente ans en arrière. Vous n'auriez pas apprécié que vos parents ou beaux-parents, intervenant à votre insu dans le débat, expliquent à leur petit-fils que le père Noël n'existe pas. Bref, qu'on lui avait jusque-là raconté des sornettes et qu'heureusement papy était là pour rétablir la vérité. Non, ce n'était pas le rôle de vos parents. Ce n'est pas davantage le vôtre, aujourd'hui.

À titre personnel, tout ce qui tourne autour de Noël, peut vous irriter – l'imaginaire des enfants qu'on exploite à tous crins, le matraquage publicitaire, les rayons qui se remplissent de jouets deux mois avant l'heure, et la débauche d'argent qui va avec… Rien ne vous oblige à participer au déferlement qui, chaque année, démarre de plus en plus tôt. Vous pouvez rester évasif si vos petits-enfants vous interrogent. Quand ils seront plus âgés, plus rien ne vous liera au secret et vous pourrez exprimer vos réticences et défendre votre point de vue. En attendant, ne touchez pas au père Noël !

O… comme otite

Inconsolable. Vous l'avez pris dans vos bras, vous le câlinez contre votre épaule, vous le rassurez. Impossible, pourtant, de calmer ses pleurs, entrecoupés de petits cris plaintifs. Il n'est pas fâché, vous ne lui faites pas peur, non évidemment, ce n'est pas ça ! Mais il est incapable d'expliquer ses larmes.

Vous commencez à douter. S'est-il foulé ou cassé quelque chose, aurait-il un cauchemar éveillé ? Ou encore ses parents lui manquent-ils à ce point ? Pourtant, ce n'est pas la première fois qu'il vient coucher chez vous.

Personne autour de vous qui soit capable de traduire ce que ces pleurs signifient, car ils veulent dire quelque chose, naturellement. À tout prendre, vous préféreriez un simple gros chagrin. Et puis, brusquement, la clé de l'énigme s'impose à vous. L'otite, mais oui, c'est une otite ! Mettre un mot sur la douleur de l'enfant ne va pas la faire disparaître, ni guérir le petit, mais vous voici déjà rassuré. Et lui avec ! À vous de jouer. Vous pouvez maintenant appeler le médecin, sans redouter de le déranger pour rien…

P… comme préféré

Préféré : un mot à proscrire pour le grand-père que vous êtes désormais.

Vous allez avoir vraisemblablement davantage de petits-enfants que vous n'avez eu d'enfants. C'est le plus fréquent, mais ce n'est pas automatique. Dans une enquête exploitant des données chiffrées de 2011, l'Institut national de la statistique et des études économiques (INSEE) brosse le paysage français : après 75 ans, les grands-parents ont en moyenne 5,2 petits-enfants. Arrondissons à cinq.

Dans la pratique, on n'a pas souvent ses petits-enfants tous ensemble, sinon aux fêtes de fin d'année, et parfois une partie de l'été. Certains grands-pères adorent avoir sous la main tout leur petit monde. D'autres privilégient les visites individuelles ou en duo. Cela dépend aussi des âges. Le vôtre et celui des petits-enfants. Accueillir ses cinq descendants à la fois, quand ils sont préadolescents, ça devient sportif !

Entre les fratries, papy se gardera absolument de montrer ses préférences, qu'il s'adresse directement à eux, à leurs parents, ou à quelqu'un de l'entourage. L'idéal serait même qu'il renonce à l'idée même de préférence. Chacun des cinq gamins dont parle la statistique a en effet sa personnalité, son tempérament, ses qualités et ses travers, ses passions et ses centres d'intérêt. Il faut composer avec, mais aussi savoir les déceler. Cela implique de se montrer attentif, et d'affûter son sens de l'observation. Mais changer régulièrement ses lunettes ne suffit pas...

Q... comme « c'est quoi ? »

La question revient plusieurs fois par jour, de manière lancinante : *« C'est quoi, papy ? »* La série des « pourquoi » suivra un peu plus tard.

Peut-être avez-vous l'impression que votre petite-fille vous réserve spécialement ses interrogations. Pas totalement faux ! Elle sent bien que vous avez l'esprit plus disponible que ses parents, accaparés qu'ils sont par les soucis du travail et l'existence au quotidien. Et puis, que vous le vouliez ou non, que vous le cherchiez ou pas, le grand-père est à ses yeux de fillette celui qui sait tout. Un papy omniscient, qui a tout vu, tout entendu, tout vécu...

Ne la décevez pas, votre petite-fille ! Sans vous impatienter, tentez de répondre à chacun de ses questionnements. En sachant par avance qu'une réponse entraînera automatiquement une nouvelle salve de questions.

Vous pouvez justement en profiter pour lui faire prendre conscience que même un grand-père ne sait pas tout, même quand il est aussi savant que vous. Et qu'à votre âge encore, vous continuez à apprendre et à chercher. Elle hochera la tête. Et vous demandera : *« Pourquoi ? »*

R… comme rêve

« Fais de beaux rêves ! » En bordant votre petite-fille, le soir à l'heure du coucher, c'est le souhait tout naturel que vous formulez à son intention. De même qu'au matin, vous lui demandez si de jolis rêves ont peuplé sa nuit. La réponse, vous la connaissez déjà : son cauchemar vous aura réveillé vous aussi.

Les rêves, un peu plus tard, seront ceux de l'adolescente. À son grand-père, elle aimera bien se confier. Elle ne lui parlera peut-être pas du garçon dont elle est tombée amoureuse – les confidences du cœur, c'est plutôt pour mamie. Auprès de papy, elle s'épanchera plutôt sur son avenir, sur le métier qu'elle voudrait faire sien. Avec elle, réjouissez-vous qu'elle ait déjà réfléchi à la question et qu'elle ait trouvé une piste : ce n'est pas si courant à son âge. Félicitez-la de s'être documentée sur cette filière qui l'intéresse et encouragez-la à continuer. Personnellement, vous vous demanderez si elle ne montre pas trop idéaliste, ou pas assez ambitieuse au contraire ; si cette profession correspond à son tempérament et à sa vision de la vie ; et si elle promet d'embaucher demain. C'est votre droit de la prévenir des risques, de lui parler des obstacles qui se présenteront sur son parcours. Mais faites-le avec délicatesse. Ne brisez pas ses rêves ! Ils la font avancer, c'est son moteur.

S… comme sieste

La sieste, c'est le genre de sujet sur lequel il est prudent de se mettre d'accord avec les parents s'ils vous confient les enfants un jour ou deux. C'est sûr, votre petit-fils – ou peut-être sa sœur – va chercher à vous rouler dans la farine. On l'entend déjà, et on devine son regard ingénu :

– *« À la maison, je ne fais pas dodo l'après-midi. À l'école, non plus, c'est réservé aux bébés ! »*

Compréhensifs, vous accédez à sa demande, vous l'occupez pendant l'heure où il se serait reposé et quand papa et maman viennent le chercher, la première question qu'ils posent, ça ne manque pas :

– *« Et la sieste, elle s'est bien passée ? Il n'a pas eu trop de mal à s'endormir ? »*

Tournez la tête vers le petit-fils. Il regarde précisément ailleurs, comme si la conversation ne le concernait pas. Le choix qui s'offre à vous, c'est de dire toute la vérité aux parents, d'en dire seulement la moitié, de mettre en cause le dormeur éveillé ou d'assumer votre décision.

La prochaine fois, il ne vous la refera pas ! Vous imposerez la sieste à votre jeune pensionnaire et vous en profiterez pour vous abandonner, vous aussi, aux délices de la méridienne…

T… comme tu demanderas à maman

Il y a des moments où vous ne savez plus quoi répondre à vos petits-enfants (voir aussi à la lettre Q… comme « C'est quoi »). Vous vous trouvez démuni, à court d'explications, d'arguments ou d'idées pour donner suite à leurs interrogations… ou bien la question vous embarrasse. Du genre : *« Les bébés, comment on les fait ? » « Le père Noël, est-ce qu'il existe ? » « Et papa et maman, combien ils gagnent de sous ? »* Évidemment, pour les deux premières questions au moins, vous pourriez satisfaire le petit-garçon ou la petite-fille qui s'adresse à vous en toute confiance. Mais vous ignorez comment votre fils et son épouse répondraient. Vous ne voulez surtout pas empiéter sur leurs prérogatives de parents ou alors vous estimez que le sujet est, sinon explosif, du moins trop délicat pour vous. Ou encore trop compliqué compte-tenu de l'âge de l'enfant.

Toutes les fois que vous vous sentez sur un terrain mouvant, ayez donc recours à la formule : *« Tu demanderas à maman »*. Il n'y a pas de honte à invoquer le principe de précaution. On l'utilise suffisamment, à tous les niveaux de la société, pour qu'à votre tour vous ayez droit de le mettre en avant. Mais parlez-en à vos enfants en les prévenant. Il ne s'agit pas pour vous de vous défausser, ils le comprendront parfaitement.

U… comme urgences

C'est le mot qu'on voudrait n'avoir jamais à prononcer quand on garde ses petits-enfants. Hélas, sans sombrer dans le catastrophisme, les chiffres parlent d'eux-mêmes : chaque jour, 2 000 enfants de moins de 6 ans sont victimes d'un accident de la vie courante; c'est une famille sur quatre qui, chaque année, se trouve concernée par la chute d'un enfant (plus d'un accident sur deux), par des brûlures, une intoxication, etc. Les statistiques ne disent pas dans quelle proportion ces faits se déroulent au domicile des grands-parents, mais c'est une certitude : les accidents domestiques tuent encore plus que la route !

Pas de panique ! Un certain nombre de règles de bon sens vous permettront d'éviter le pire. Ne laissez jamais seul votre petit-fils ou votre petite-fille dans son bain, ni sur sa table à langer, ni plus généralement dans la maison ou la voiture. Ne le confiez pas à la garde d'un autre enfant, même s'il est son aîné de quelques années.

Ne laissez pas traîner vos médicaments de papy et mamie. La question est réglée si vous ne suivez pas de traitement médical, mais que cela ne vous empêche pas de bien ranger les produits ménagers. Prévoyez des cache-prises et des garde-corps aux fenêtres. Ayez à proximité les numéros de téléphones d'urgence (SAMU : 15. Pompiers : 18). Et, pour vous rassurer complètement, formez-vous aux gestes d'urgence : moins d'un Français sur dix, aujourd'hui, maîtrise les premiers secours !

V… comme vieux

Qu'on vous assimile, vous grand-père, à « un vieux » et pire à « un petit vieux », les petits-enfants sentent bien que vous n'aimez pas trop ça. Ce nom, décidément, il ne vous convient pas – c'est presqu'un gros mot ! Leurs parents, sûrement, leur ont fait la leçon.

Alors, votre petite-fille tente d'atténuer la violence de l'adjectif. *« Toi, papy, tu es un peu vieux quand même. Mais un petit peu seulement ! »*

Si cela les préoccupe tellement, c'est qu'ils s'inquiètent de nous voir… vieillir. Pleins de prévenance, leurs parents les rappellent d'ailleurs souvent à l'ordre : *« Grand-père et grand-mère, il ne faut pas les fatiguer ! »* Du coup, les petits-enfants se soucient de notre santé, de notre état d'esprit, de notre moral.

D'une façon générale, les petits-enfants ont du mal à situer notre âge et à prendre la mesure de ce qu'il représente réellement, surtout s'ils ne nous retrouvent qu'épisodiquement, au temps des vacances. Et puis, ils ne voient pas bien à quoi peut ressembler la vie d'un senior quand eux, ils ne sont pas là. Ils n'imaginent pas qu'un papy et une mamie puissent avoir aussi un emploi du temps. C'est pour cette raison qu'ils les voient volontiers condamnés à l'inactivité et à l'ennui. À nous grands-pères, de les en convaincre : prendre de l'âge n'est pas une maladie, et on peut vieillir sans devenir vieux…

W… comme W.C.

Rien de tel qu'une semaine de vacances avec nos petits-enfants pour mesurer que le vocabulaire change lui aussi. Ne vous avisez pas de parler des W.C. – vous ne serez pas compris, encore moins si vous évoquez les « cabinets » ou les « commodités » de vos propres grands-parents. À l'école, les écoliers savent en revanche où se trouvent les toilettes, ou mieux encore les sanitaires.

Ce n'est pas seulement le mot qui a changé. Les waters d'hier, au fond du jardin, nous ne sommes plus très nombreux à les avoir connus. Ils n'ont rien à voir avec les équipements mis à la disposition de nos héritiers, sauf si les parents de l'enfant donnent dans l'écologie et ont adopté les toilettes sèches.

La formule « Là où le roi va seul » amusera peut-être votre petite-fille ou votre petit-fils. S'il est en primaire et qu'il s'intéresse à l'histoire, il vous rétorquera que c'est une erreur : au temps de Louis XIV, tout se passait en public, au milieu des courtisans. De là peut-être l'expression : « Il est assis sur le trône », autre façon désuète d'évoquer les toilettes.

X... comme hiboux, joujoux, choux

On apprenait la phrase par cœur autrefois. C'était une façon amusante de retenir la règle des mots en « ou » qui prennent un « x » au pluriel. Vous en souvenez-vous ?

« Viens mon bijou, sur mes genoux. Jette ce caillou au vilain hibou, plein de poux, caché dans les choux ».

Avant même d'avoir l'âge d'aller à l'école, on découvrait ces mots à la manière d'une comptine. Pour une fois qu'une règle d'orthographe n'était pas rébarbative, qu'elle prenait au contraire la forme d'une petite histoire rigolote, pleine de personnages faciles à reconnaître, c'était sympa ! S'il y a un reproche à faire, c'est tout de même le mauvais rôle attribué au hibou. Dans la vie réelle, il n'est pas si vilain et il rend d'ailleurs de bons services à la nature... Jusqu'à présent, personne n'a relevé ni protesté. Que font les défenseurs des animaux ?

X, ce sont aussi les films du même nom. Des statistiques et des témoignages de jeunes montrent que certains ont déjà vu un film porno à seulement 11 ans. Un conseil si vous êtes grand-père : faites en sorte que ce ne soit pas possible chez vous !

Y... comme y-a-qu'à

La lettre Y n'est pas la plus commode à placer, mais il y a pire, si vous jouez au Scrabble avec vos petits-enfants. Ils n'oseront sans doute pas écrire « yoyoter », craignant, bien à tort, que vous vous sentiez visé ! Ils renonceront aussi à « yaourt » qui évoquerait l'expression « pédaler dans le yaourt », vraiment discourtoise à votre endroit. Yoga, c'est plutôt mamie qui s'y adonne. Yéti aurait assez leurs faveurs : ils adorent se replonger dans *Tintin au Tibet*. De votre côté, avouez que vous n'êtes pas mécontent de récupérer l'album, une fois qu'ils l'ont refermé...

Youpi : l'exclamation n'a plus court, elle est passée de mode. C'est moins le cas du yo-yo qui revient régulièrement dans les cours de récréation, mais dans un modèle perfectionné.

Il reste « y-a-qu'à », que le Petit Robert écrit également « yaka ». En faisant votre apprentissage de grand-père, vous vous en êtes rapidement aperçu : le mot revient souvent dans la bouche des petits-enfants. Il exprime leur impatience et leur optimisme, leur énergie autant que leur inventivité. Quant aux détails de l'exécution, c'est à vous d'opérer.

Z... comme zut et zen

Avec la lettre Z, « Zut » vient assez rapidement à l'esprit... et ça tombe bien. L'un des défis de l'apprenti papy concerne son langage au quotidien quand il est seul avec l'enfant. Même sans jurer comme un charretier, on emploie tous le mot de Cambronne et quelques autres expressions bien senties. Comme grand-père est censé constituer un modèle, il va falloir éviter de recourir à ces vulgarités. C'est pourquoi on ne dira jamais assez de bien de ce mot un peu désuet mais terriblement utile : « zut ». Il permet de se lâcher quand on est fâché. Avec ces trois lettres amusantes, vous pouvez afficher votre agacement, votre déception et même votre colère sans être grossier.

Parfois un juron vous échappera malgré tout. Pas de panique : les petits-enfants en ont entendu d'autres et ils savent parfaitement ce qui est permis et ce qui ne l'est pas. Il arrive même qu'ils vous tendent la perche : *« Dis papy, c'est quoi un gros mot ? Tu en connais, toi ? »*, interroge un garçonnet de 5 ans faussement candide. Ses yeux disent qu'il adorerait en entendre un, tout bas, dans la bouche de papy.

« Zen » : voilà un autre mot commençant par Z et qui est bien adapté à votre nouveau rôle de grand-père. Vous comprendrez vite pourquoi !

Conclusion

On ne fait que commencer…

Au cours d'une existence, c'est rare de ne pas croiser leur chemin. Des gens dont on se dit qu'on aurait aimé être leurs petits-enfants. À cause d'un regard lumineux. D'un optimisme à toute épreuve. D'une façon de vivre généreuse et enthousiaste. C'est à eux qu'on voudrait tenter de ressembler quand on devient grand-père.

Au cours d'une vie, on rencontre aussi des gens pour qui c'est un échec. Le courant avec les petits-enfants ne passe pas ou ne passe plus. Le petit-fils et la petite-fille se font plus rares. Les complicités s'étiolent. « On ne se voit plus assez souvent, on devient un étranger l'un à l'autre, on ne sait plus quoi se dire » – regrette tel grand-père de vos amis. Quand ça arrive, il ne faut pas chercher à tout prix un responsable, mais plutôt se demander ce qu'on pourrait faire pour arrondir les angles et redonner l'envie.

Le rôle du grand-père, il n'est pas acquis une fois pour toutes. Comme un métier, il demande une sorte de formation continue et beaucoup de pratique. Rappelez-vous le bébé des premières pages. Au fil des mois et des années, vous avez fait connaissance avec lui et lui avec vous : en réalité, vous vous êtes découverts mutuellement, vous vous êtes comme apprivoisés. Et cela ne fait que commencer.

À ses côtés, l'apprentissage va continuer. À chaque âge de votre vie à vous et de la vie de vos petits-enfants, vous allez rester un éternel débutant. Quand votre petit-fils ou votre petite-fille va entrer au collège ou au lycée, quand il ou elle viendra se faire embrasser, le sourire aux lèvres et le bac en poche. Ou quand il ou elle va débarquer chez vous, pour la première fois au volant d'une voiture, ou bien serrant la main de sa copine ou de son copain. À chaque fois, vous vous sentirez vous aussi dans la peau d'un jeune premier. Parce qu'à chaque fois, il vous faudra vous ajuster à ce petit-fils ou cette petite-fille.

Vous avez des valeurs, tant mieux, elles sont précieuses, mais n'en faites pas des repoussoirs. Mettez de côté vos appréhensions et vos jugements à l'emporte-pièce. Et si vous ne devez garder que deux maîtres mots, qu'ils aient pour noms : confiance et bienveillance.

Notes

Notes

Notes

Notes

Notes

Notes

Notes